글로벌 에티켓

글로벌 에티켓

GLOBAL ETIQUETTE

| 최정화 지음 |

HUiNE

프롤로그

34세 엄마 엘렌이 두 자녀에게 보내는 공개 편지는 아래와 같이 시작된다.

뇌종양이 재발하며 말기 판정을 받은 엘렌은 한 살배기 막내 캐롤이 다른 뇌종양에 걸린 것을 알게 된다. 엘렌은 뇌종양 환자를 위한 모금을 독려하며 캐롤과 네 살 난 큰 아들 제임스에게 공개 편지를 썼다.

"엄마는 너희가 크는 걸 곁에서 볼 수 없을 것 같구나. 엄마의 마음을 말로 다 하기도 힘들고 앞으로 일어날 일들을 마주하기는 더 힘들 것 같구나. … 너희들은 너희가 느낀 감정을 표현하는 것을 두려워하지 말고 열심히 사랑하기 바라. 사랑하다 사랑하는 사람을 잃는 게 전혀 사랑해 본 적 없는 것보다 나은 것 같구나 …….
공부를 열심히 해야 하지만, 교과서보다는 학교생활에서 더 배울 게 많단다. 친구들과 팀 스포츠를 하고, 악기도 하나 연주할 줄 알고 외국어도 배우면 좋을 것 같구나. … 실패를 두려워하지 말았으면 좋겠구나. 왜냐하면 성공보다는 실수에서 더 많이 배울 수 있기 때문이란다. … 새로운 시도를 두려워 말고 가능한 한 많이 여행도 하기 바란다. 여행을 하며 네가 알고 경험한 것과 다른 많은 것을 보고 느끼다 보면 그런 것들이 모여 너를 만들어 줄 거야. …
다르다는 이유로 누군가를 괴롭히거나 놀리지 말고, 또 사람들과 같이 식사할 때 테이블 매너는 중요하단다. … 누구에게 부탁할 때 'please'라고 이야기하며, 매사 고마운 마음을 갖고 'Thank you'라고 말하는 것을 잊지 않고 기억하기 바란다…….
가족은 참으로 중요하므로 늘 최우선으로 생각하고, 아빠에게 친절하고, 아빠가 새로운 사람을 만나는 날이 오면 아빠가 한 선택을 인정해주고 같이 반가워해주면 좋을 것 같아."

젊은 엄마 엘렌이 죽음을 앞두고 두 자녀에게 쓴 이 공개편지는 '글로벌 에티켓'을 쓰고 있는 저자에게 큰 울림을 주었으며 한편으로는 우리가 살아나가면서 체득해야 할 세계인으로서 마음가짐의 기본을 잘 보여준다.

우리는 진정 '세계인'인가.

우리는 예로부터 한 마을에 오래 정착하며 폐쇄적으로 살아온 민족이라서 그런지 아는 사람에게는 잘하지만 모르는 사람에게는 다소 무관심하고, 퉁명스러운 편이다.

우리에게 '남'의 개념은 세계 보편적으로 통용되는 '내가 아닌 그 외 모든 사람들'이 아니라 '내가 아는 사람들'이다. 즉 '내가 모르는 사람들'은 '남'에 속하지도 않는다. 이는 실로 큰 문제이다. 우리의 공중도덕도 모두 여기서 기인하는 것이 아닌가 싶다. 내가 모르는 사람은 남도 아니기 때문에 아는 사람이 없는 데에서는 어떻게 행동해도 상관이 없다고 생각하는 사람이 많다. 운전을 할 때도 다른 자동차 운전자들은 내가 모르는 사람들이니까 마구 앞지르고, 끼어들고, 아무데서나 U턴을 하고, 나를 알아보는 사람이 없다고 쓰레기를 함부로 버리고… 그런 사람들의 논리는 다른 사람들이 나를 봐도 어차피 '나'를 모르는 사람들이기 때문에 아무 문제가 없다는 것이다. 내가 모르는 사람들은 그냥 희뿌연 모래알에 불과하다는 식의 행동이다.

어느 누구도 한국인들이 거리에서 빨리 가기 위해 남을 밀치는 행동을 악의가 있어서 그렇다고는 생각하지 않는다. 하지만 악의에서 나온 행동이 아니라고 모두 정당화될 수는 없다. 그렇게 정당화하고 지나가기에는 이제는 우리나라의 위상이 예전보다 많이 높아졌다. '남', 아니 좀 더 정확하게는 아는 사람들이 있는 데서는 체면 차리기에 급급하면서도 아는 사람들이 없을 때는 '남 눈치보기'에서 해방되어 제멋대로 행동해서는 안된다.

한 스위스 친구에게서 들은 얘기다.

어느 날 아침, 막 파란 신호등이 꺼지려는 교차로에 다가가고 있었는데 뒤에서 오던 차가 신호에 걸리지 않고 통과하기 위해 오른쪽으로 차를 잽싸게 빼더니 노란 사선이 그어진, 어느 누구도 침범해서는 안 되는 이 성역(?)을 과감하게 통과하여 자기 차 앞으로 뛰어들었다. 이 스위스 친구는 놀라서 급정거를 했고 뛰어든 차는 유유히 교차로를 통과했다고 한다.

어찌 보면 한국의 교통 상황에서 이 정도는 그리 놀랄 만한 일도 아니다. 하지만 이 친구가 크게 실망한 이유는 그 차의 운전자가 평소 존경했던 직장 상사였기 때문이다.

서구인들은 대부분 내가 모르더라도 내가 아닌 남에 대한 기본 예의가 있다. 유목인이었거나 이동을 하며 상업으로 삶을 영위해 와서인지 그들에겐 낯선 사람들이란 잠재적 친지인 것이다. 그렇기 때문에 낯선 사람에게도 친절하게 행동한다.

또 미국인 친구 메리는 "처음에 한국인과 마주쳤을 때 한국인이 인사를 나누지 않고 무심코 지나는 것이 이상했지만 이제는 '바빠서 그런가 보다'하고 생각하게 되었으니, 자기도 한국 생활 3년 만에 한국 사람 다 된듯한 자신의 모습에 놀랐나"며 웃었는데 그 이야기를 듣고 왠지 씁쓸한 기분이 들었다. 과연 이러한 모습이 우리 한국인의 진정한 모습인가?

GLOBAL
ETIQUETTE

목차

만족스런 삶을 위한 필수 조건
7 Requisites for Contented Living

1. 일을 즐길 수 있는 건강
   Health enough to make work a pleasure
2. 필요한 것을 충족시킬 수 있는 재원
   Wealth enough to support your needs
3. 역경을 헤쳐나갈 수 있는 힘
   Strength enough to battle with difficulties and overcome them
4. 자신의 잘못을 인정할 수 있는 기품
   Grace enough to confess your sins and forsake them
5. 좋은 일을 계속 할 수 있는 끈기
   Patience enough to toil until some good is accomplished
6. 남에게 도움이 되고 도움을 줄 수 있는 사랑
   Love enough to move you to be useful and helpful to others
7. 미래에 대한 두려움을 없앨 수 있을 만한 희망
   Hope enough to remove all anxious fears concerning the future

할 수 있는 모든 선을 행하라.
할 수 있는 모든 수단으로,
할 수 있는 모든 방법으로,
할 수 있는 모든 장소에서,
할 수 있는 모든 사람들에게,
할 수 있는 한 오랫동안.

Do all the good you can,
by all the means you can,
in all the ways you can,
in all the places you can,
at all the times you can,
to all the people you can,
as long as ever you can.

제1장

글로벌 에티켓, 품격의 시작이다

글로벌 시대에 사는 우리

에티켓이란

예의, 예법이란 뜻으로 우리가 흔히 쓰는 '에티켓(etiquette)'이라는 말은 그 어원을 불어에서 찾을 수 있다. 그 때문인지 프랑스에서는 16세기 왕실에서 예법이 생겨난 이래 지금까지도 일상생활에서 예법을 매우 중요하게 생각한다.

에티켓이란 말의 유래를 살펴보면, 과거 프랑스 베르사이유궁의 정원에 예의 없는 사람들이 들어가 꽃을 밟아 버린 사건이 발생했고, 그 이후 정원 주위에 말뚝을 박아 외부인들의 출입을 막았다. 그 말뚝에 쓰여 있던 단어가 '에티켓'이었다고 한다. 그 이후 에티켓은 예의, 예법이란 뜻으로 바뀌어 사용되고 있다.

서양 에티켓도 우리 예법과 마찬가지로

① 상대방에 호감을 주고,

② 상대방에게 폐를 끼치지 않으며,

③ 상대방을 존중하라는

세 가지의 기본 정신으로 되어 있다.

상대방에게 호감을 주기 위해서는 '아니다'라는 답변을 할 때에도 'No. thanks.'라고 하는 것 처럼 항상 'Thanks'라는 말을 사용하는 것이 좋다. 또한 다른 사람과 부딪치거나 발을 밟았으면 "Excuse me. I am sorry." 그러면 상대방도 "That's all right."라고 대답한다. 우리의 삶을 훈훈하게 해주는 Please, Thank you. May I, Excuse me 4개의 영어 표현을 늘 생각하고 익혀 조건반사적으로 튀어 나올 수 있게 하자.

파리에서 십 년 간 유학한 탓인지 나는 기회만 있으면 제 2의 고향 파리로 달려 간다. 샹젤리제 거리를 걷다 보면 워낙 사람도 많고 볼거리가 많아 잠시 한 눈을 팔게 되고, 본의 아니게 지나가는 사람의 팔도 치고, 때론 발을 밟기도 한다. 팔을 친 것은 정작 나인데 내가 미안하다는 말을 하기도 전에 상대방이 먼저 "빠르동(Pardon)"하며 잘잘못을 따지기 전에 죄송하다는 말을 한다. 갈 때마다 파리지앵들의 몸에 밴 예절에 감탄하게 된다. 물론 요즈음은 관광객이 많다 보니 부딪혀도 미안하다는 말이 들리지 않아 얼굴을 보면 대부분 관광객인 경우가 적지 않다.

레이디 퍼스트 Ladies First

ASEM 서울 정상회의 때 일이다. 유럽 연합(EU) 의장국 통역을 맡은 나는 엘리베이터를 타고 내릴 때, 내가 통역을 맡은 자크 시라크 프랑스 대통령이 먼저 내린 다음에 내리려고 생각을 하고 있었다. 하지만 시라크 대통령은 매번 통역인 내가 먼저 내리도록 배려해주었다. 서양인들의 몸에 밴 레이디 퍼스트 정신을 알고는 있었지만, 취재 기자들 등 수많은 사람의 시선이 집중되어 있는 상황에서 한 나라의 대통령보다 먼저 내리려니 매번 당황스러웠던 기억이 아직도 생생하다.

여성 존중 사상은 서양 에티켓의 기본이므로 '남존여비' 사상이 아직도 만연해 있는 우리나라 사람들이 특히 신경을 써야 할 부분이다.

① 방을 출입할 때, 남성은 여성이 먼저 출입하도록 도와준다. 문이 아주 무거운 경우에는 남성이 먼저 문을 열고 나가거나 들어가서 여성을 위해 문을 잡아 준다. 회전문은 남자가 먼저 밀고 들어가 여성이 나오는 것을 도와준다.

② 계단을 올라갈 때에는 남성이 여성보다 먼저 올라가고 내려갈 때는 여성이 앞서 내려간다. 단 계단의 경사가 너무 가파르거나 미끄럽거나 위험하면 남성이 앞서 내려와 여성을 도와준다.

③ 여성이 자리에 앉을 때에는 의자를 빼 앉기 쉽게 도와준다. 여성이 방 안에 들어올 때나 나갈 때 남성은 자리에서 일어난다.

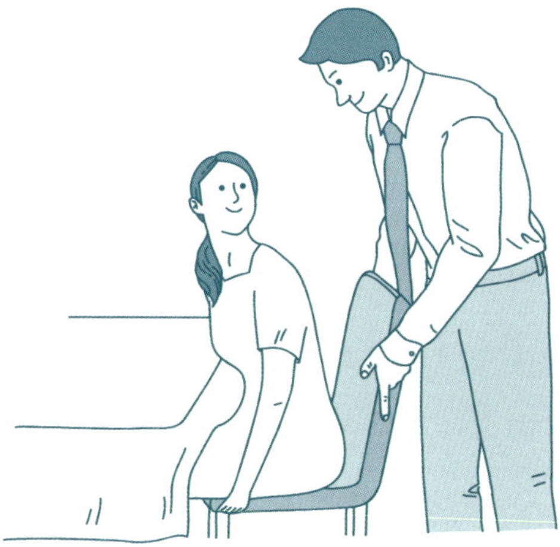

④ 두 여성과 같이 걷거나 앉을 때 남성은 두 여성 사이에 있지 않는다. 왜냐하면 한 여성과 이야기 할 때 다른 여성에게 뒤를 보이는 결례를 저지르기 때문이다.

⑤ 엘리베이터를 탈 때에는 엘리베이터에 탄 사람이 다 내리면 여성을 먼저 태우고 탄다. 내릴 때도 여성이 먼저 내리도록 배려한다.

⑥ 아파트나 호텔의 엘리베이터 안에서 남성은 여성이 타면 모자를 벗어야 한다. 하지만 사무실이나 백화점의 엘리베이터 안에서는 굳이 모자를 벗지 않아도 된다.

⑦ 음료는 여성에게 먼저 권하고, 음악회나 극장에 갔을 때는 여성을 먼저 좌석에 앉힌다.

⑧ 남성이 호텔에서 여성을 만날 때는 객실에서 만나면 오해를 살 염려가 있으므로 가능하면 로비에서 만난다.

⑨ 부득이한 사정으로 남성이 여성을 호텔 방에서 만날 경우에는 문을 조금 열어 두는 것이 예의이다.

⑩ 남성은 여성이 외투를 입을 때 도와준다. 외투를 클로크룸, 즉 보관소에 맡길 때나 찾을 때도 남성이 한다. 이 경우 팁을 주는 것도 물론 남성의 몫이다.

⑪ 파티에서 같이 얘기를 나누고 있는 여성의 잔이 비면 남성이 한 잔 더 하겠느냐고 물어 보며 가져다 준다.

⑫ 자동차에 탈 때에도 여성을 먼저 태우고 문을 닫아 준 다음에 남자가 탄다.

⑬ 보도를 걸을 때 남성은 여성의 왼쪽에서 걷는다. 단 차도 옆 보도에서는 좌우에 상관없이 남성이 차도 쪽으로 걷는다.

⑭ 여성에게 나이를 묻지 않는다.

⑮ 여성은 친절하고 예의 바르며 품위 있게 행동하도록 노력해야 한다.

예의 바르고 품위 있는 여성은 아름답게 보인다. 주한 일본대사 부인이었던 아야코는 부친이 외교관이었기에 어린 시절을 한국에서 보낸 적도 있고, 당시 주한 일본대사인 남편과 한국에 살고 있었다. 종종 만나 같이 식사하며 여러 얘기를 나누는데 그녀는 개방적이면서도 상대를 존중하고, 배려하며 상대에게 폐를 끼치지 않으려는 예의가 몸에 밴 세계인의 전형이다. 처음 만났을 때 한국에 대사부인으로 온지 두 달 밖에 안 되었는데도 자신을 소개하며 한국어로 "안녕하세요. 아야코 나가미네입니다."라고 인사를 해서 함께 있던 한국인 친구들을 기쁘게 해주었고, 한 번은 주말에 오사카를 다녀왔다고 하며 특히 음식이 맛있어 또 가고 싶다는 말을 했더니 그 다음 관저로 초대했을 때에는 오사카 별미 음식을 준비해주었다. 상대가 좋아하는 음식을 기억했다가 차려주는 아야코의 자상한 마음에 훈훈한 오후를 보낼 수 있었다.

한 번은 가수 조용필 얘기를 하며 일본의 '오빠부대' 얘기가 나왔다. 한국에서는 나이 많은 남자는 '오빠'라 부르고 여자는 '언니'라고 부른다고 설명해주었더니, 내가 나이가 더 많은 것을 알게 된 후부터는 내게 이 메일을 보낼 때에는 '정화 언니'라고 시작한다. 이렇듯 작은 배려와 관심이 상대의 마음을 기쁘게 하는 것이며 예의의 출발이다.

남성이 일어나 말하면 사람들은 우선 듣고, 그 다음 쳐다본다.

When a man gets up to speak, people listen, then look.

여성이 일어나면 사람들은 우선 쳐다보고,
마음에 들면 듣는다.

When a woman gets up, people look; then,
if they like what they see, they listen.

남성은 자신이 약할 때 사과하고,
여성은 자신이 강할 때 사과한다고 배워왔다.

Men are taught to apologize for their weakness,
women for their strengths.

서열

참석한 사람들의 수준이나 준비된 식사, 장소의 분위기 등 어느 면에서도 나무랄 데 없는 격조 높은 행사여도 참석자들의 서열을 제대로 존중해 주지 못했다면 행사 후 참석자들의 평가는 뻔하다. 이는 동서를 막론하고 세계 공통인 듯하다. 누구나 자신에게 걸 맞는 대우를 받고 남에게 인정받고자 하기 때문이다. 애써 준비한 모임이 진가를 발휘하기 위해서는 참석자들의 서열을 존중해야 한다.

언젠가의 일이다. 초대 시간이 임박해 허겁지겁 옷을 입고 있는데, 친구 빌에게서 전화가 왔다. 그는 그날 만찬을 주최하는 미국인 친구로, 참석 예정인 A 기업 사장과 B 협회 부회장 중에서 누구를 더 상석에 앉혀야 하는지를 물었다. 통화가 길어지면 나도 늦을 상황이었지만 빌이 실수하게 되면 자칫 참석자들의 기분이 상할까 봐, 또 모두의 즐거움을 위해 서열에 대해 알려 주었다. 빌로서는 같은 기업에 속하지 않은 두 한국인 사장과 부회장 간의 서열을 알 수 있는 방법이 없었지만, 서열을 무시했을 때 손님 중 한 사람이 기분이 상하면 전체 분위기에 영향을 미친다는 것을 잘 알고 있었다.

우선 서열의 뜻부터 짚고 넘어 가자. 서열이란 모임에 참석한 사람들의 순위를 뜻한다. 서열에는 크게 두 종류가 있다.

① 공식 서열: 귀족이나 공직자 등 신분에 따른 지위나 관직에 따른다.

② 관례상 서열: 사회 생활을 하면서 사회적 예의로 정해 놓은 것이다.

공식서열

나라에 따라 다르므로 천편일률적으로 적용할 수 없다. 국가 행사나 외국 대표들이 참석하는 공식적인 모임의 경우 반드시 사전에 관련 국가의 의전 담당 부서에 문의하여 참고해야 한다.

관례상 서열

사회적으로 높은 지위이지만 공식 서열에 들어가 있지 않은 사람들에게 적용된다.

① 공식 서열로 지위를 정할 수 없는 사람: 정당 대표, 언론 및 금융 단체장

② 사회 문화적 지위를 고려해야 하는 사람: 예술가, 문인, 실업가

③ 회의나 모임의 성격상 높은 지위를 인정해 주어야 하는 사람: 국제기구 회장, 국제단체의 장

④ 공식 서열과 무관하게 전통적인 서열을 인정해 줘야 하는 사람: 옛 왕족

서열을 정할 때 기준

① 보통 남편과 부인의 서열은 같다.

귀족과 결혼하면 남편의 직위를 따라야 하지만 부인이 왕족인 경우에는 예외적으로 평민과 결혼하더라도 왕족의 칭호를 그대로 사용하기도 한다. 잘 알려진 예로 영국의 엘리자베스 여왕의 동생인 마가렛은 평민과 결혼했지만 왕족의 칭호를 그대로 사용한다.

평민과 결혼한 왕족 여성은 왕족의 칭호를 잃는 것이 당연하나 혼자 모임에 참석했을 때는 왕족의 신분을 고려해 서열에 반영한다.

② 나이를 고려한다.

같은 지위일 경우 반드시 나이를 고려한다.

③ 미혼 여성은 기혼 여성보다 서열이 낮다.

단, 참석자가 부인 대신 미혼인 딸을 동반했을 경우 그 딸은 예외적으로 상석에 온다.

④ 동일한 지위일 경우 외국인에게 높은 서열을 적용한다.

⑤ 높은 직위의 서열을 따른다.

외교관들을 동시에 여러 명 초대 했을 때 같은 급이라면 부임한 순서로 서열을 정한다. 단 같은 서기관급이면서도 높은 지위의 귀족이라면 서열을 정할 때 반영한다.

⑥ 레이디 퍼스트를 존중한다.

특히 외국인이 참석한 모임에서는 여성을 우대한다.

⑦ 남성을 여성보다 우대해야 하는 경우가 있다.

물론 나라마다 약간씩 다르나 대통령, 장관, 대사 등 국가를 대표하는 경우 남성을 여성보다 우대하여 상석에 온다.

⑧ 공식 서열의 기준도 나라마다 다소 다르다.

미국의 경우 제일 먼저 선거에 의해 선출된 행정부의 장, 즉 대통령, 그 다음이 의회 의장, 그 다음이 대법원장이다.

⑨ 주빈을 존중한다.

주빈(Guest of Honor)에게 상석을 주므로 주빈보다 지위가 높은 사람을 같이 초대하지 않는 것이 바람직하다.

⑩ 일상생활에 자주 접하게 되는 관례상의 서열 기준은 외국인 – (손님과 같이 온) 친구 중 초면인 사람 – 처음 방문한 사람 – 가끔 초대 받은 사람 – 자주 초대 받은 사람-친척

⑪ 여성들 간의 서열

기혼자 – 미망인 – 이혼녀 – 미혼자 순서이다.

⑫ 사적인 모임에서의 기준

- 전통적인 서열
- 가족 간 위치와 모임의 성격

- 나이
- 사회적 지위
- 친척

외교관들의 서열

어떻게 보면 서열이 특히 중시되고 쉽게 눈에 띄는 것이 외교관의 서열이 아닌가 싶다.

외교 사절

외교 사절은 크게 세 가지로 나누어 볼 수 있다.

① 상주 외교 사절: 접수국에 상주하며 본국과의 외교 관계를 처리한다.

② 임시 외교 사절:

- 업무 사절: 특정 외교 교섭이나 국제회의 참가가 목적
  예를 들어 쌍무 경제 협정이나 국제기후 협약 회의에 대표단으로 참석할 경우
- 의례 사절: 축전 행사나 의식에 국가 대표로 참석
  예를 들어 태국 국왕 장례식 때 한국 대표로 조문 사절

로 참석 할 경우

공관장

① 대사, 교황청 대사

② 공사

③ 대리 대사

공관장인 대사 사이의 서열은 신임장 제정 순서를 따른다. 영국에서는 신임장 사본 제출 순위에 따른다.

공관장 이외의 외교관

① 외교관 등급에 따른다. 동일 등급 간에는 부임지에 도착한 순서에 따른다.

② 국가마다 재외 공관에 근무하는 직원 간의 서열에 대한 규정을 갖고 있다. 동일 등급이라면 외교관이 무관보다 앞서며 무관은 다른 주재관보다 앞선다.

영사의 서열

영사가 공관장일 경우에는 등급에 상관없이 다른 국가 영사 관원을 앞선다. 직업 외교관인 영사가 명예영사보다 앞선다.

명예영사란 직업 공무원이 아닌 일반인으로 국가가 임명한다. 기업인 중에 많다.

우리나라의 서열

우리나라에는 공식 서열은 없고 외교통상부 의전실의 기준은 다음과 같다.

① 대통령

② 국회의장

③ 대법원장

④ 국무총리

⑤ 국회부의장

⑥ 감사원장

⑦ 부총리

⑧ 외무부장관

⑨ 외국 특명 전권 대사, 국무위원, 국회 상임 위원장, 대법원 판사

⑩ 장관급, 국회의원, 검찰총장, 3군 참모총장

⑪ 차관, 차관급

외교관이란 여성의 생일은 늘 기억하지만
그녀의 나이는 기억하지 않는다.

A diplomat is a man who always remember a woman's birthday but never remembers her age.

명함으로 나를 각인시키기

프랑스에서는 루이 14세 때 벌써 명함이 생겼고, 루이 15세 때에는 현재 쓰는 명함과 같은 동판 인쇄 명함을 사용했다고 한다. 독일에서도 16세기부터 쪽지에 이름을 적어 사용했다고 하며, 중국에서는 옛날부터 친구나 지인의 집을 찾아갔다가 상대방이 부재중이면 이름을 적어 놓고 오는 관습이 있었다고 한다.

이렇듯 동서고금을 막론하고 통용되어 온 명함은 한 장의 종이 쪽지에 지나지 않지만, 자신을 대변해 주고 신분을 알리는 데 사용되므로 품위 있게 만들어야 한다. 물론 명함은 나라마다 또 개인의 취향에 따라 조금씩 다르나 일정한 크기의 사각형 순백지를 많이 사용한다.

우리나라에서는 대부분 한 가지 명함을 사용하지만 서양에

서는 두 가지를 사용한다. 하나는 사교적인 만남에 사용하는

① 방문 명함(visiting card, calling card)이고

또 하나는 사업에 쓰는

② 업무용 명함(business card)이다.

방문용 명함에는 보통 이름만 필기체로 인쇄해 사용한다.

주소나 전화 번호를 표시하지 않는 것이 관례이나 꼭 넣고 싶을 대에는 오른쪽 아래에 작은 글씨체로 인쇄한다. 이 사교용 명함은 축하 메시지, 감사 메시지, 조의 등을 표하는 메시지 카드로도 사용한다.

이 명함을 사용해 초청에 대한 답을 약식으로 다음과 같이 적어 보낼 수 있으며, 감사의 표시로 꽃을 보낼 때에도 사용할

수 있다.

명함에 사용할 수 있는 표현들로는 다음과 같은 것들이 있다.

• 초청에 응할 때

Accept with pleasure October 16

Delighted to come October 16 at 7: 30

• 초청에 응할 수 없을 때

Sorry can not accept for Monday

• 감사의 뜻을 표할 때

With many thanks for a most pleasant evening

한국 사람들은 만나면 의례적으로 명함을 주고받지만 서양 사람들은 서로 알게 되고 나서 관계를 더욱 긴밀히 하기 위한 예의로 명함을 주고받기 때문에 명함을 주의해서 사용해야 한다. 서양에서는 대부분 비즈니스 경우에만 처음 만났을 때 명함을 주고 받는다.

업무용 명함에는 이름, 전화번호, 이메일 주소, 직장명, 주소, 직위 등을 기입한다.

상대방에게 명함을 줄 때에는 오른손으로 상대방의 위치에서 바로 명함을 읽을 수 있도록 해서 이름을 밝히면서 건넨다. 명함을 받는 사람은 두 손으로 받는 것이 예의이다.

받은 명함은 만지작거리거나 탁자 위에 그냥 방치해 두지 말고 관심 있게 본 다음 명함 지갑에 넣는다.

명함을 줄 때의 영어 표현으로는 다음과 같은 것들이 있다.

Here is my business card.

제 명함입니다.

Thank you. I'd like to give you mine, but I am all out.

감사합니다. 제 명함을 드리고 싶은데 다 쓰고 없습니다.

Could I have your business card, please?

명함 한 장 주시겠습니까?

명함에는 가능하면 직위나 직책은 한두 개만 쓰도록 한다, 가끔 직책을 일고여덟 개 쓴 명함을 받는데 이 경우 중요한 인물로 생각되기보다는 오히려 신통치 않은 사람으로 간주된다. 예를 들어 장관이라면 … 위원회 위원장, … 협회 회장이란 장황한 수식어가 필요 없지 않은가? 앞에 내세울 지위가 딱히 없을수록 여러 타이틀을 적는 경향이 있으므로 가장 대표적인 것 한두 개 정도만 쓰는 것이 바람직하다.

소개와 악수

사람을 소개할 때 신경 써야 할 점이 많지만 우선 소개 하는 순서를 살펴보기로 하자.

① 남성을 여성에게
② 동성 간에는 아랫사람을 윗사람에게
③ 미혼자를 기혼자에게
④ 나이 어린 사람을 나이 많은 사람에게

소개할 때에는 소개하는 사람이나 소개받는 사람 모두 일어서서 하는 것이 예의이다. 여성이 의자에 앉아서 상대를 소개받을 때에 상대가 성직자, 고관, 고령자가 아닐 경우에는 일어나지 않고 앉은 채로 가볍게 인사해도 된다. 하지만 모두 일어섰는데 젊은 여성이 앉아 있으면 눈에 거슬릴 수도 있으니 요령껏 대처한다. 단, 파티의 호스테스 즉 여주인의 경우에는 상대가 누구든지 일어나 소개를 받아야 한다.

May I present Mr. Brown?
브라운 씨를 소개합니다.

I am so pleased to meet you. Nice to meet you.
만나서 반갑습니다.

Young-Hee, my wife.
영희, 제 아내입니다.

Min-Soo, my husband.
민수, 제 남편입니다.

My name is Ho-Jun Choi.
최호준입니다.

남성의 경우 자신의 이름 앞에 존칭인 Mr.를 붙이지 않는다.

악수를 할 때도
① 여성이 남성에게
② 연장자가 손아랫사람에게
③ 선배가 후배에게
④ 기혼자가 미혼자에게
⑤ 상급자가 하급자에게
악수를 청하는 것이 예의이다.

성직자와 고관은 이 순서에서 예외이다. 남성이 순서를 알지 못해 먼저 손을 내밀었을 때에는 여성이 자연스럽게 악수를 해 주는 것이 예의이다. 단, 파티의 호스트는 초대한 사람이 남성이든 여성이든 먼저 악수를 청해야 한다.

악수를 할 때에는 다음과 같은 에티켓을 지켜야 한다.

① 상대방의 눈을 바라보면서 미소를 지은 채 오른손을 내밀어 상대방의 오른손을 잡는다. 왼손잡이라도 악수는 오른손으로 해야 한다.

② 손을 너무 세게 잡아도 안 되지만 힘없이 잡았다 놓는 것

은 결례이다. 손을 아래위로 지나치게 흔들어서도 안 된다.

③ 악수는 일어서서 하며 제3자를 사이에 두거나 왼손을 바지 주머니에 넣고 해서는 안 된다.

④ 악수를 할 때 장갑을 벗는 것이 예의이다. 단 여성이 팔꿈치까지 오는 긴 장갑을 끼고 있거나 길 위에서는 장갑을 벗지 않아도 된다.

그밖에 손에 입맞춤하기(kissing hand, 불어로는 baise main 베즈 멩)는 유럽이나 라틴계 중 남미에서 남성이 기혼 여성의 손을 잡고 상반신을 굽히며, 손등에 입술을 대는 정중한 인사이다. 필자에게 리셉션에서 가끔 손에 입맞춤하는 키싱 핸드를 하는 유럽

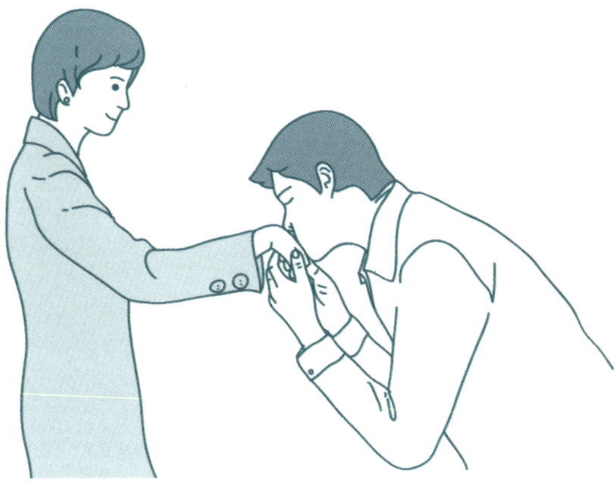

인들이 있는데, 악수가 일반적이고 좀 사무적인 느낌을 준다면 키싱핸드는 상대를 좀 더 존중하는 듯한 느낌을 준다. 우리나라에서 노보텔, 소피텔로 널리 알려진 세계 굴지의 호텔 그룹인 아꼬르(Accor)의 바젱 회장이 참석한 만찬에 참석한 적이 있었는데, 다른 서양인 참석자들은 악수를 하는 반면, 바젱 회장은 다가와 정중히 키싱 핸드를 해서 한층 더 품격 있어 보였다.

포옹(embrace)은 라틴계 나라에서 친구, 친지 사이에 포옹하며 양쪽 볼에 입 맞추는 인사이고, 커트시(curtsey)는 최대의 경의를 표시하는 여자의 인사로 왼발을 뒤로 빼고 무릎을 구부리고 몸을 숙이는 인사이다. 남자들은 성직자에게만 하고 여성들은 왕족에게까지 한다.

이름 부르기

사회 생활을 하면서 우리는 이름 대신 '사장님', '팀장님' 등 직위나 직책을 부르는 데 익숙해져 있다. 또 부부 사이에는 이름 대신 '여보', '집사람', '바깥양반' 등과 같은 호칭을 부른다.

서양 예법에서는 공식적인 자리에서 소개할 때는 성과 이름을 다 말하지만, 대화 중에 상대방을 부를 때에는 이름만 불러 달라고 말하지 않은 이상 성을 부르는 것이 원칙이다. 서로 어느 정도 친해져서 상대방이 먼저 성은 빼고 이름으로 불러 달라고 부탁하면 듣는 사람도 자신을 이름으로 불러 달라고 얘기하는 것이 '상호주의'에 바탕을 둔 서양 예절이다.

Please, call me Tom.

톰이라고 불러주세요.

미국 사람들은 다른 어떤 영어권 나라 사람들보다 첫 대면 때부터 이름(first name) 부르기를 좋아한다. 물론 예외가 있다. 상사나 연장자가 손아랫사람을 부를 때 상대방의 동의를 구하지 않고 그냥 이름을 부를 수는 있다. 그 반대는 결례가 된다. 우리나라에서뿐만 아니라 서양에서도 상사나 연장자는 응당한 '대접'을 받고 있는 것이다.

물론 나이나 지위가 위인 상사가 먼저 "Please, call me John." 이라고 말하면 이름을 불러도 된다.

서로 이름을 부른다는 것은 두 사람이 허물을 벗고 친한 사이라는 뜻이다. 계속 왕래하는 사이임에도 불구하고 Mr. Mrs. Ms. Miss 같은 경칭을 붙인다면 이유를 불문하고 두 사람 사이에 어떠한 형태로든 거리를 유지하고 싶다는 뜻이다. 그러므로 일단 친해진 서양 사람과 이름을 부르기로 했으면 전화 통화를 할 때 자신을 가리켜 "Mr. Kim"이라고 해서는 안 된다.

서로 이름을 부른 것은 직접 대면해서 소개를 받은 사람 사이에 국한된다. 같은 사무실에 근무하는 사람들끼리라도 A라는 사람에게 어떤 사람은 이름을 부르고 어떤 사람은 성을 부르기도 한다. 물론 이름을 부르는 사람은 직접 만나 친분이 있는 사람이고, 성을 부르며 얘기하는 사람은 아직 만나 보지 않았거나 만난 적이 있더라도 아직 친하지 않은 관계이다.

이름이 아니라 직위나 직책을 부르는 데 익숙한 우리에게는 서양 사람들의 이름 부르기가 이상하게 여겨질 때도 있다. 또 서양 사람들이 흔히 이름을 부른다고 해서 친하지도 않으면서 이름을 거침없이 불러댄다면 상대방은 기분이 나쁠 것이다.

처음 만난 서양 사람이 자기를 소개할 때 이름을 이야기하는데 이쪽에서 성만 이야기해서는 안 된다.

잘 모르는 사이여서 Mr. Miss와 같은 경칭을 붙일 때는 반드시 성과 함께 써야 하며 Miss Jane, Mr. Ronald, Mrs.

Jungwha 처럼 이름 앞에는 경칭을 사용하지 않는다. 예를 들어 빌 게이츠 마이크로 소프트 사장의 경우 Mr. Gates이지, Mr. Bill이 아니다.

상대의 이름을 정확하게 부르는 것은 에티켓의 기본 중의 하나이다.

서양 사람들의 이름은 대부분 다음과 같이 구성되어 있다.

이름	중간 이름	성
first name	middle name	surname
혹은 세례명		혹은 first name

이름은 Mr. John Allen Gate와 같이 전부 쓰는 경우도 있지만, 대부분 중간 이름을 생략하거나 약자로 쓰고 이름과 성을 쓴다. 예를 들어 Mr. John Gate 혹은 Mr. John A. Gate라고 한다.

서양 사람들은 인사말이나 감사의 말을 할 때 이름을 붙여 얘기하는 경우가 많은데 더욱 친밀감을 느끼게 하기 위해서이다.

Good morning, Tom.

Thank you, Betty.

유럽에서는 기혼 여성의 이름을 부를 때 남편 이름 앞에 Mrs.를 붙인다. 영국에서는 남편 이름과 성 앞에 Mrs를 붙여 Mrs. James Brown이라고 부른다. 반면 직장 여성이 많은 미국에서는 부인 이름과 남편의 성을 쓰고 그 앞에 Mrs.를 붙여 Mrs. Jane Brown이라고 한다. 만약 이혼을 하면 결혼하기 전 성으로 돌아가 Miss Jane Crawford가 된다.

남자들은 기혼과 미혼을 가리지 않고 Mr.라고 부르는데 굳이 여자는 기혼과 미혼을 구분하여 Mrs.와 Miss를 쓰는 것은 남녀 평등 정신에 위배된다고 하여 여권 신장주의자들이 Ms.라는 호칭을 고안해내어 1973년 1월 1일부터 쓰기 시작했다. Ms.의 발음은 '미즈'이다.

최근 다시 '미즈'라는 호칭이 남성들에게는 도전적이고 여성들에게는 방어적인 느낌을 준다 하여 사라지고 있으며 '미스'와 '미세스' 호칭이 부활되고 있다고 하니 세상일은 돌고 도는가 보다.

의사와 같이 일정한 수련 과정을 거친 전문인이거나 박사 학위를 취득한 사람에게는 Mr.나 Mrs. 대신에 Dr.를 사용한다.

친한 사이에도 자격이 있는 사람이라면 Mr.나 Mrs.보다 Dr.를 붙여 부르는 것이 예의이다.

Sir는 상대방에게 경의를 나타내는 호칭이지만 말하는 사람이 스스로 자신을 낮추는 뜻이 내포되어 있으므로 주의해서 사용해야 한다.

① 나이나 지위, 직책이 비슷한 사람끼리는 사용하지 않는다.
② 여성은 상대방의 지위가 아무리 높아도 나이가 비슷한 남성에게는 Sir라고 하지 않는다.
③ Dr.가 남녀 불문하고 사용할 수 있는 반면 Sir는 여성에게는 사용하지 않는다.

나라에 따라 The Honorable과 Excellency의 경칭 사용이 다르므로 조심해서 써야 한다.
① 영국에서는 The Honorable은 귀족이나 주요 공직자에게만 쓰이나, 미국에서는 대사, 공사, 주지사, 장관, 차관, 하원 의원, 판사, 주 의원, 시장 등에 두루 쓰인다.
② 미국에서 Excellency 표현은 대사와 일부 고위직 인사, 카톨릭 교회 대사제와 사제에게만 극히 제한적으로 사용

한다. 정식 표현으로 'His Excellency'라고 하고 약자로 'H.E.'라고 쓴다. 여자의 경우에도 약자로는 'H.E.'라고 같지만 'Her Excellency'이니 정식으로 풀어 쓸 때에는 주의해야 한다.

참고로 귀족들의 칭호를 살펴보면 다음과 같다.

구분	남	여
공작	Duke	Duchess
후작	Marquis	Marchioness
백작	Earl	Countess
자작	Viscount	Viscountess
남작	Baron	Baroness

가끔 한국 이름을 영어식으로 표기할 때 잘못 표기하면 좋지 못한 뜻의 단어로 '둔갑'하므로 주의해야 한다.

성 혹은 이름에 쓰인 글자	영어 표기	영어의 뜻
신	Sin	죄악
박	Bag	가방
석	Suck	빨다
식	Sick	아픈
범	Bum	건달
곽	Quack	돌팔이 의사
길	Kill	죽이다
둥	Dung	똥
우	Woo	조르다
주	Zoo	동물원

친할수록 예의를 지켜라.

Familiarity breeds contempt.

편지 쓰기

정감 어린 의사 전달 수단인 편지 쓰기는 e 메일 사용 증가로 해마다 줄어든다고 하며, 최근에는 문자, 카카오톡, 왓츠업, 라인 등의 메신저 사용으로 더욱 줄고 있다.

사실 편지는 말이 아닌 글로써 자신의 의사를 표현하는 것으로 쓰는 사람의 인격, 개성, 교양 등이 그대로 나타난다. 특히 예의를 갖추어야 할 사이에는 형식을 잘 갖추어 철자가 틀리지 않도록 써야 하며 편지지의 크기, 색깔, 종이의 질 등에도 신경을 써야 한다.

① 편지지의 규격은 일반적으로 20×25cm가 표준이다.

② 색깔은 봉투와 같은 색이면 좋다. 흰색이 가장 무난하다.

③ 줄이 그어지지 않은 편지지를 사용하며 보통 주소를 오른쪽 위에 회사 마크는 왼쪽 위에 인쇄한다.

④ 날짜는 오른쪽 위에 쓴다. Oct.16이라고 날짜를 약자로 쓰기보다 October 16이라고 다 쓰는 것이 좋다.

⑤ 본문 첫 머리에는 우선 수신자의 직함을 쓴다.

- 모르는 사람이거나 경의를 표하는 경우

  Dear Sir, 또는 Dear Madam

- 아는 사람에게

  Dear Mr. Crawford, 또는 Dear Mrs. Gain

- 친한 사람에게

  Dear Betty, 또는 My Dear John

- 관계자 제위

  To Whom It May concern:

- 미국에서는 공식 편지에는 ',' 대신에 ':' 로 표시한다.

⑥ 맺음말에는 일정한 표현이 정해져 있다.

- 일반적으로

  Sincerely yours, Yours sincerely, Yours truly

- 지위가 높은 사람에게

  Respectfully yours

⑦ 영문 편지는 컴퓨터로 작성한 후 친필로 서명하는 것이 관행이다. 간혹 첫 머리 표기 부분도 친필로 써 보내는 경우가 있는데 더욱 친근감을 나타내려는 뜻이다.

⑧ 수신자 외에 다른 사람이 편지를 열어 보는 것을 원치 않을 경우 personal and confidential이라고 겉봉투에 쓴다.

⑨ 등기 우편은 Registered, 속달은 Express라고 쓴다.

⑩ 인쇄한 카드나 연하장에는 이름만이라도 자필로 적는다.

편지에 자주 사용되는 표현

cc	carbon copy	다른 사람에게도 발송 했음
c/o	care of	전교(~ 씨 방)
p.s.	postscript	추신
P.T.O	Please Turn Over	뒷면 참조
N.B.	Nota Bene	비고
Enc.	Enclosure	동봉
	Personal	친전
	please forward	전송
	immediate	지급
Ult.	Ultimo	지난달
Inst.	Instant	이번 달
Prox.	Proximo	다음 달

대화할 때

한국 사람들은 대화할 때 상대방, 특히 연장자를 똑바로 바라보면 실례라고 생각하는 사람이 적지 않다. 학생들은 선생님께 꾸중을 들을 때는 잘못을 시인하는 뜻으로 시선을 떨군다. 하지만 서양 사람들은 시선을 피하려는 사람을 상대방에게 관심이 없거나, 정직하지 않거나, 남에 대한 존경심이 없거나 또는 떳떳하지 못한 사람으로 여긴다.

요즈음은 우리나라에서도 상대방을 바로 바라보지 못하는 사람은 면접 시험에서도 좋은 점수를 받지 못한다고 하니 부드러운 미소와 함께 아이 콘택(eye contact)을 하며 대화를 나누는 것이 바람직하다.

'눈으로 말해요'라는 말이 있듯이, 눈을 보면 사람을 알 수 있다고 한다. 우리가 대화를 나눌 때 말소리 이외의 거의 모든 정보가 눈을 통해 들어오고 또 눈으로 전달된다. 바로 상대방의 시선을 통해 음성으로는 전달되지 않는 무관심, 진지함, 자신감 등이 파악되는 것이다.

대화란 말을 서로 주고 받는 것이 아닌가. 아무리 좋은 말이라도 낌새 즉 눈치가 이상하면 그 말을 믿지 않게 된다 즉 상대방의 눈을 보고 우리는 상대방이 하는 말을 믿을 수 있는지 없는지를 파악하는 것이다.

'눈이 맞았다'라는 말은 서로 좋아하는 사이가 되었다는 뜻임을 우리는 모두 알고 있다 즉, 사람들 사이의 관계를 파악하는데 서로 마주보는 시간의 길이가 믿을 만한 척도가 된다는 것이다.

또 상대방을 응시하는 시간이 긴 사람들이 대인 관계도 좋고 신뢰감이 더 많이 가는 것으로 평가된다. 끌리는 사람을 만나면 시선부터 달라지는 것을 알 수 있는데 그래서 대부분의 경우 두 사람이 좋아하면 주위에서 먼저 알게 되는 것 이다.

하지만 잘 모르는 사람의 응시는 위협을 느끼게 할 수 도 있기 때문에 지나치리만큼 상대를 뚫어지게 바라보는 행동은 피해야 한다.

엘리베이터에 탔을 때 사람들의 시선을 한번 관찰해 보라. 모두들 천장이나 벽이나 바닥을 보고 있다, 비좁은 공간에서 서로 눈이 마주치면 불편하고 조금 긴 시간 응시하면 위협적으로 느껴져 불안감을 느낄 수 있다. 엘리베이터 내에서 눈길이 마주쳐서는 안 된다는 교육을 받은 적이 없어도 모두 상대방이 불편하지 않게 딴 곳을 바라보는 것이다.

개인적인 공간을 존중해야

한국 사람들이 대화 중 자주 범하는 결례가 또 하나 있다. 이야기를 하다가 상대방의 어깨나 팔을 치는 습관이다. 외국인들에게는 이러한 행동이 큰 결례가 된다. 또 간혹 어떤 사람들은 상대방의 주의를 끌려고 옷소매를 잡아 끄는 버릇도 있는데 이러한 행동은 자신의 주위 50~100cm 정도를 개인 공간으로 생각하는 외국인에게는 일종의 프라이버시 침해이므로 무례한 행동으로 생각하기 쉬우니 조심해야 한다. "Excuse me."라고 말하며 상대방의 주의를 끄는 것이 바람직하다.

사람들은 누구나 자기만의 안식처인 개인적 공간을 갖고 있다. 낯선 사람이 자기 공간에 침입해도 위협을 느끼지만, 모든 사람이 자기를 피해도 기분이 나쁘다.

상황에 따라 편하게 느껴지는 거리를 살펴보자.

① 친밀한 관계(intimate distance zone): 0~50cm

귓속말을 하거나 비밀 얘기를 할 수 있는 관계, 연인들 사이나 부모와 자식 관계.

② 개인적 관계(personal distance zone): 50~100cm

친한 친구들끼리 대화할 때 손을 뻗치면 닿으나 신체적인 접촉은 원하지 않는 관계. 친할 때는 유지되나 서로 불편한 관계로 되면 다시 멀어진다.

③ 사교, 업무 관계(social distance zone): 2m~4m

친하지는 않지만 안면은 있는 관계. 사무실에서 업무를 보거나 파티에서 불특정 다수와 얘기를 나눌 때.

④ 공적인 관계(public distance zone): 4m 이상

무례를 범하지 않은 상태에서 낙서를 한다든가 딴 서류를 본다든가 등 딴청을 부릴 수 있으며 보통 강사와 청중 간의 관계.

대화하며 맞장구 치기

대화 도중 손으로 입을 가라고 웃는 여성들도 있는데, 외국인들은 이런 행동을 자신을 비웃는다고 생각할 수도 있으므로 자연스럽게 웃는 것이 좋다. 우리나라 남자들은 여자의 행동이

그저 다소곳하고 조용해야 좋다고 생각하는 경향이 없지 않으나, 서양에서는 자연스러운 행동을 더 좋게 생각한다.

우리나라 사람들은 실수를 했을 경우에도 겸연쩍은 얼굴에 미소를 띠며 뒤통수를 긁으며 사과하는 경우를 종종 볼 수 있는데, 실수를 대충 넘기려는 것 처럼 보여 오히려 오해를 살 수 있으니 조심해야 한다.

대화 도중 눈을 감고 있는 사람도 있는데 서양 사람들에게는 자신의 얘기가 들을 가치가 없다고 생각하는 태도로 보일 수 있으므로 주의해야 한다. 또 상대방은 열심히 말을 하는데 묵묵히 듣고만 있는 자세도 바람직하지 않다.

아. 그랬습니까?

Did you?

정말입니까?

Really?

좋습니다!

That' s great!

Marvelous!

Fantastic!

맞아요!

Absolutely!

등의 말로 맞장구를 쳐서 상대방이 대화를 계속할 수 있도록 해야 한다. 주위의 성공한 사람들을 자세히 관찰해 보면 물론 설득력 있게 자신의 의견을 잘 피력하지만, 무엇보다도 상대방의 말을 경청하며 관심을 표시하는 데 남다른 능력을 갖추고 있음을 알 수 있다.

한국 사람들은 사람들 앞에서 코를 푸는 행위를 결례로 여겨 코를 풀지 않고 훌쩍거리며 얘기를 하는 경우가 많다. 반면, 서양사람들은 훌쩍거리는 소리를 내는 것보다 코를 풀어 버리는 것이 낫다고 생각할 뿐만 아니라 훌쩍거리는 자체를 큰 결례로 생각한다.

이런 질문은 질색!

의사가 병을 진단하기 위해서와 같이 부득이한 경우를 제외하고는 스무 살이 넘어 보이는 여성에게 나이를 묻는 것은 예의가 아니다. 남자들도 사람에 따라서는 나이를 밝히기 싫어하는 사람도 있으니 주의하는 편이 좋다.

통번역대학원을 졸업한 지 꽤 오래된 제자가 오랜만에 인사 왔길래 이제 나이가 몇이냐고 물으니 마음에 드는 여성 나이 +4라고 대답하는 것이었다. 재미있는 대답이라 생각하며 웃기는 했지만 그 제자가 실제 자기의 나이를 밝히기를 꺼려한다는 것을 금세 눈치 챌 수 있었다. 상대방을 기분 좋게 해주지는 못할 망정 쓸데없이 나이를 물어 기분 나쁘게 할 필요는 없다.

참고로, 요즈음 여성들의 복장을 보면 나이에 따른 구별이 별로 없는 연령 파괴 현상을 느낄 수 있다 우리나라에도 나이를 초월해 자신의 스타일을 찾는 이른바 에이지리스 그룹(Ageless Group)이 형성된 것으로 보인다.

이 같은 현상은 자신의 나이를 몇 살이라고 생각하는 '자각 연령'이 실제 연령보다 많이 낮아졌음을 뜻한다.

세계적으로 자신의 나이에 관해서만은 착각하고 싶은 게 여성들의 심리임이 다시 한 번 밝혀졌으니 여성의 나이만큼은 절대 묻지 말자.

친하게 지냈던 미국인 친구 엘리자베스가 늘 분통을 터뜨리며 흥분해서 얘기하던 것 중의 하나가 우리가 무심코 묻는 사적인 질문이다.

"Are you married?"

드디어 시작됐다. 기분 좋게 쇼핑 중이던 리사에게 난데없이 날아온 질문이다. 한국에 온 지 얼마 안 된 리사는 난생 처음 보는 사람에게서 사생활에 관한 질문을 받고 당황스러웠지만 정중히 대답했다.

"No."

상대방이 이 질문에서 그쳤으면 괜찮았을 것을….

"왜 결혼하지 않았어요?"하며 질문을 계속하는 게 아닌가.

"I don't know."

엘리자베스는 언짢은 질문에 간단히 퉁명스럽게 대답했다.

한국 사람들은 사생활에 관한 질문을 별 생각 없이 하는 경우가 많으니 신경 쓰지 말라고 했지만 기분이 상한 엘리자베스는 한 두 매장만 둘러보고 서둘러 백화점을 나와버렸다.

우리는 무심코 던지는 질문이지만 문화가 다른 상대방 외국인의 감정을 상하게 할 수 있음을 늘 염두에 두어야 한다.

특히 주의 해야 할 것 중의 하나는 외국인과 대화할 때 외국인의 신체에 대한 언급을 삼가야 한다는 것이다.

서울서 4년을 살다 귀국한 미국 친구와 시장에 갔을 때 일이다. 이 친구는 키가 178cm이니 한국 표준으로는 상당히 큰 키

에 속한다.

하루는 같이 남대문 시장에 갔는데 중년 남자들이 서너 명 모인 곳을 지나게 되었다. 그 중 한 남자가 "키 큰 서양 여자들은 가슴이 너무 커"라고 낄낄거리며 얘기했다. 이 친구는 한국말을 어느 정도 알아 들을 수 있었고, 동행한 나로서는 쥐구멍이라도 있으면 숨고 싶었다. 물론 길에 있던 한국 남자들은 이 친구가 한국어를 못 알아듣는다고 생각하고 거리낌없이 자신들의 생각을 내뱉었을 것이다. 이젠 한국 문화에 관심이 있는 외국인들도 상당 수에 이르고 한국말을 하는 사람들 수도 적지 않은 만큼 더 이상 무심코 한 말로 상대를 당황하게 하는 일이 없어야 할 것이다.

아직도 우리 주위에는 외국인의 생김새와 행동을 시장에 내놓은 물건 살피듯이 주시하는 사람들이 많을 뿐만 아니라, 자기들끼리 수군거리는 말을 외국인들이 알아들을 수 있다는 사실을 상상조차 못 하는 사람들이 적지 않은 것 같다.

경청하는 태도를 배워라.

Learn to listen.

인간이 가장 마음으로 필요로 하는 것은
남에게 인정받고 있음을 느끼는 것임을 잊지 말아라.

Don't forget, a person's greatest emotional need is to feel appreciated.

다른 사람들을 비난하기 전에
자신을 충분히 살펴보아야 한다.

One should examine oneself for a very long time before thinking of condemning others.

약속 시간 지키기

흔히 돈 주고 살 수 없는 것이 시간과 사랑이라고 하지만, 시간이야말로 지나가면 그뿐, 결코 되돌릴 수 없는 소중한 것이다. 시간 약속을 지킨다는 것은 상대방을 존중한다는 뜻이다.

① 손님을 초대했을 때에는 호스트와 호스테스는 모든 준비를 약속한 시간 전에 마치고 기다려야 한다. 손님이 도착하기 시작했는데도 준비를 계속한다면 큰 결례이다.
② 지위가 높은 사람이 올 때면 다른 초대 받은 사람들은 미리 와 있어야 한다.
③ 젊은 사람이 연장자를 만날 때에는 젊은 사람이 미리 약속 장소에 와 있어야 한다.

④ 남성이 여성과 만날 때에는 남성이 미리 와 있어야 하며, 특히 실외에서 만나기로 한 경우에는 여성이 길에서 기다리는 불상사는 절대 일어나지 않도록 해야 한다.

⑤ 연극이나 연주회에서 만날 약속을 했으면 초청자는 물론 초대받은 사람도 공연이나 연주가 시작되기 전에 와 있어야 한다.

⑥ 비즈니스의 시간 약속은 절대로 늦어서는 안 된다. 예의 차원을 떠나 비즈니스의 성패가 좌우되기 때문이다.

⑦ 조금 늦게 와도 양해가 되는 경우도 있다. 같은 여성이나 남성끼리, 동년배 사이나 연하인 경우 식사 약속 시간에 10분 정도까지 늦는 것은 양해가 된다.

자동차와 비행기에서

좋든 싫든 이동을 많이 하는 세상에 살다 보니 탈것에서 많은 시간을 보내게 된다. 경우에 따라서는 여럿이 같이 타게도 되고, 때로는 외국인들과도 동승하게 된다. 그러다 보니 나부터 먼저 타고 보자는 생각은 이제 통하지 않는다. 남을 배려하는 승차 에티켓도 자신의 경쟁력이다.

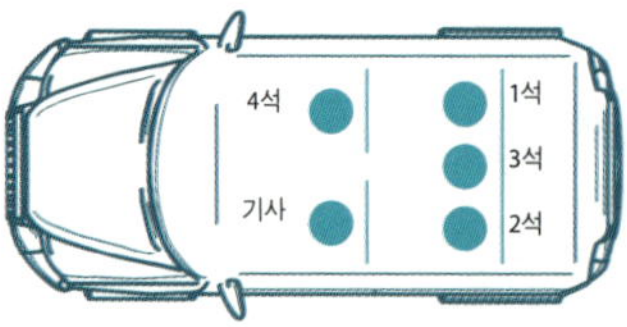

운전자가 있을 경우

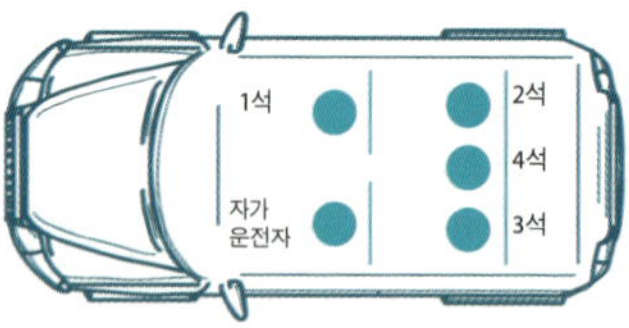

자가 운전인 경우

자동차

① 윗사람이나 여성이 먼저 타며, 내릴 때에는 아랫사람이나 남성이 먼저 내려서 여성이 편히 내리도록 차 문을 열어 주고, 때에 따라서는 손을 내밀어 준다.

② 자가 운전 자가용은 운전석 옆자리가 상석이며, 운전 기사가 있을 경우에는 운전석 대각선 방향의 뒷좌석이 상석이다.

④ 우리 주변 여성들을 보면 차를 탈 때 먼저 차 안으로 몸을 구부리고 들어가는 사람이 많은데 차 밖에서 엉덩이를 먼저 디밀어 좌석에 앉은 다음 양다리를 붙여 가지런히 차 안으로 들여놓는 것이 우아해 보인다. 내릴 때는 반대로 다리를 모아서 차 밖으로 내놓고 좌석에서 일어나 나오도록 한다.

비행기

① 비행기는 탑승자 중 최고의 VIP가 마지막으로 타고, 제일 먼저 내린다.

② 탑승권(boarding pass)에 기재된 좌석을 찾는다. 소지품을 머리 위 짐 넣는 공간에 떨어지지 않도록 잘 넣는다.

⑤ 앉은 후 안전벨트를 메고 장시간 여행시에는 슬리퍼나 덧양말을 신는다.

⑥ 기내식 식사가 나오면 좌석의 등받이를 바로 하고 식사 트레이를 받는다.

⑤ 화장실을 사용할 때에는 문을 안에서 걸어 문 밖에서 사용중(occupied) 혹은 비어 있음(vacant) 표시가 보이도록 한다.

⑥ 여행국 입국 서류를 나누어 주면 기록해 두었다가 제출한다. 국적란에는 Korea가 아니라 Korean이라고 쓰는 것이 옳다.

⑦ 승무원을 부를 때 손으로 치거나 큰 소리로 부르지 말고 좌석 팔걸이 부분에 설치되어 있는 호출 버튼을 누르거나 가벼운 손짓으로 부른다.

비행기 좌석 등급

일등석	first class	F
비즈니스 클래스	business class	C
일반석	economy class	Y

비행기에서 자주 쓰는 표현

기장	캡틴	captain
조종사	파일럿	pilot
여승무원	스튜어디스	stewardess
남승무원	스튜어드	steward
비상구	엑시트	exit
통로 쪽 좌석	아일 시트	aisle seat
창 쪽 좌석	윈도 시트	window seat
승급	업그레이드	upgrade

제 자리가 어디입니까?

Could you show me my seat, please?

좌석 번호가 몇 번입니까?

Your seat number, please?

27-B입니다.

It's 27-B.

이곳입니다.

Here it is.

짐을 저기에 놓아도 됩니까?

Can I put my bag over there?

마실 것 좀 주시겠습니까?

May I have some drink?

담요 좀 주시겠어요?

Could I have a blanket, please?

멀미약 있습니까?

Do you have some medicine for motion sickness?

제 시간에 도착합니까?

Will we be arriving on time?

영어 표현에 After You(당신 먼저)라는 표현이 있다. 줄을 설 때나 엘리베이터에 탈 때 자주 듣는 얘기다. '당신이 먼저 탄 후에 내가 타겠다'는 뜻으로 상대방을 먼저 배려하는 서양인들의 생활 양식이 그대로 반영된 문구이다.

우리의 일상생활 자세는 '나부터', '빨리빨리'로 압축된다. 외국인이 한국에 와서 제일 먼저 배우는 일이 '빨리빨리' 아닌가? 이제부터라도 여유를 갖고 상대방을 먼저 배려하는 아량을 갖도록 노력해야 할 것이다.

자 지금부터 실전에 옮기자, 엘리베이터에 외국인이나 여성과 같이 타고 있다면 내릴 때 "After you."하며 먼저 내리도록 배려해보자.

지하철이나 버스에서

한국에서 지하철과 버스는 가장 널리 사용되는 대중교통 수단이다. 대중교통 수단인 만큼 여러 사람들이 함께 사용한다. 또한 제한된 크기의 공간인 만큼 다른 사용자들을 배려해야 하는 것은 기본이다.

1) 좁은 공간에 여러 명이 앉아야 하므로 다리를 벌리지 않고 앉아야 한다.

2) 여러 사람이 있는 만큼 몸을 청결히 하여 불쾌한 냄새로 주위 사람들의 얼굴을 찡그리게 하지 않도록 한다.

3) 노약자나, 임산부를 배려하여 좌석을 필요로 하는 사람에게 즉각 양보한다.

4) 사람이 유난히 많은 출퇴근 시간에는 백팩이나 부피 큰 물건으로 주위 사람들에게 폐를 끼치지 않도록 가능하면 선반 위에 올려놓는다.

5) 휴대폰을 꼭 사용해야 하는 경우에는 짧게, 작은 목소리로 통화하고 가능한 빨리 끊도록 한다.

사우나에서

사우나는 휴식을 취하는 공간인 만큼 사용하는 사람들이 명상도 하고 편히 쉴 수 있도록 배려해야한다.

1) 같이 간 친구가 있거나 지인을 만나 이야기를 나눌 경우 대화는 작은 목소리로 조용히 하여 주위 사람들이 편히 쉬는데 지장을 주지 않는다.
2) 증기가 빠져 나가지 않도록 출입 시에는 빨리 들어오고 나가며 문을 잘 닫는다.
3) 반드시 샤워를 하고 들어가고, 자신이 사용할 수건을 들고 들어간다.

4) 온도나 증기 등을 조절할 필요가 있을 경우 주위 사람들의 의견을 먼저 묻는다.

5) 침을 뱉거나 전자 기기나 휴대폰 등을 사용하지 않는다.

휴대폰 에티켓

휴대폰만큼이나 유용한 문명의 이기도 드물 것이다. 하지만 모든 문명의 이기도 언제 어떻게 쓰느냐에 따라 본래의 목적과는 다른 '애물단지'로 변할 수 있다.

휴대폰을 사용할 때는 다음과 같은 점에 신경을 쓰자.

① 공중 장소에서는 '에티켓 모드' 즉 진동이나 무음으로 해 둔다.

② 부득이 한 경우 받을 때 되도록 짧게 통화한다.

③ 가능하면 사람이 없는 곳으로 나가 작은 목소리로 받는다.

④ 회의나 식사 중 꼭 받아야 할 급한 일이 있을 경우, 미리 말해 양해를 구해놓은 다음 받는다. 상대가 앞에 있을 때 휴대폰 사용은 가급적 삼가는 것이 좋다.

참고로 하나 더 알아 두면 좋은 것은 우리가 흔히 핸드폰이라 하는 휴대전화를 영어로 표현하자면 cellular phone 또는 mobile이다. 핸드폰이라고 말해서 통할 나라는 싱가포르 정도밖에 없을 것이다.

전화는 얼굴 없는 교감

전화 거는 법

① 전화를 걸기 전에 중요한 용건은 미리 메모해 두고 관련 서류나 자료를 전화기 옆에 준비해 둔다.

② 전화가 걸리면 자신의 소속과 이름을 밝히고 통화할 상대방을 부탁한다.

③ 상대방이 받으면 다시 자신의 이름을 밝히고 용건을 말한다.

④ 용건이 끝나면 인사말을 정중히 하고 전화를 건 쪽에서 먼저 수화기를 놓는다. 상대방이 윗사람이거나 여성이 경우에는 상대방이 수화기를 놓은 후에 끊는다.

전화 받는 법

① 전화가 걸려 오면 빨리 받고 회사 이름이나 부서명을 밝힌다.

② 상대방이 누구인지 알고 나면 인사를 나눈다.

③ 다른 사람을 찾으면 친절하게 가르쳐 바꿔 준다.

④ 용건을 듣고 필요할 때 메모를 한다. 전화기 옆에 메모지와 펜은 반드시 준비한다.

⑤ 용건이 끝나면 인사말을 하고 상대방이 끊은 뒤에 수화기를 놓는다.

전화 걸기

최정화 교수 좀 바꿔 주시겠습니까?

May I speak to prof. Choi Jung-wha?

잠깐만 기다리세요.

Yes, just a moment

I'll call her.

전데요.

This is she speaking.

지금 안 계신데요.

She is out right now.

죄송합니다. 전화를 잘못 걸었습니다.

I am sorry. I have the wrong number.

전화받기

베티 도나호입니다.

Betty Donahoe speaking.

Hello, this is Betty Donahoe.

누구십니까?

Who is calling, please?

성함 스펠링을 말씀해 주시겠습니까?

Could you spell your name, please?

How do you spell your name?

미안합니다, 전화 잘못 거셨습니다.

I am sorry. You have the wrong number.

잠깐만 기다리세요.

One moment, please.

Hold on, please.

Hold the line, please.

메시지가 있으시면 말씀하세요.

May I take a message?

Would you like to leave a message?

이름을 다시 한 번 말씀해 주시겠습니까?

May I have your name again?

전화 번호를 말씀해 주시겠습니까?

And your number please.

전화해 주셔서 감사합니다.

Thank you for calling.

전화가 잘 들리지 않을때

전화가 잘 들리지 않습니다.

I cannot hear you very well.

좀 크게 말씀해 주십시오.

Please, speak a little louder.

조금 천천히 말씀해 주십시오.

Please, speak a little more slowly.

제 말이 들리십니까?

Can you hear me?

통화 중 되물을 때

한 번 더 말씀해 주십시오.

I beg your pardon?

확인하는 경우

방문 일정을 재조정했으면 합니다.

I want to reschedule my visit.

방문 일정을 재조정했으면 좋겠다는 말씀인가요?

Do you mean you want to reschedule your visit?

찾는 사람이 부재 중일 때

죄송합니다. 게인 씨는 금주 출장 중입니다.

I am sorry, Mr. Gain is out of ! own this week.

언제 돌아올 예정입니까?

When do you expect him back?

다음 주에 돌아오십니다.

He is coming back next week.

걸려온 전화에 대한 회답

(전화 온 것을 확인하고) 전화주셨다고 해서 (콜백)전화 드립니다.

I am returning your call.

전화를 기다리게 할 때

브룩 선생님 사무실에 계십니까?

Is Mrs. Brook in her office now?

네, 계십니다만 지금 통화 중이십니다.

Yes, she is hut she is on another line.

오래 걸릴 것 같습니까?

Is it going to be long, do you think?

그럴 것 같지 않습니다. 기다리겠습니까?

I don't think so, Would you like to hold the line?

아니면 전화드리라고 말씀드릴까요?

or shall I have her call you back?

or shall I ask her to call you back?

사람을 찾아 달라고 할 때

그분 좀 찾아주시겠습니까?

Can you reach him?

전화를 돌려줄 때

영업부로 돌려 드리겠습니다.

Let me transfer this call to our sales department.

그분에게 전화를 돌려 드릴까요?

Shall I try to connect him.

때와 장소에 맞는 옷차림

남성

야회복(tailcoat - white tie)

약식 야회복(tuxedo - black tie)

평상복 정장(business suit)

① 야회복(tailcoat)

웃옷 자락이 제비꼬리 모양이어서 연미복이라고도 부르며, 최고의 정식 남자 복장이다. 무도회나 정식 만찬에 참석할 때 입는다. 무도회나 정식 만찬 초청장에는 화이트 타이(white tie)라고만 쓴다. 입을 기회가 많지 않으므로 꼭 필요한 경우 빌려 입어도 된다.

② 약식 야회복(tuxedo)

만찬복으로 미국에서는 턱시도라고도 부르며 영국, 프랑스에서는 스모킹(smoking)이라고 부른다. 턱시도를 입어야 하는 경우 초청장에는 블랙 타이(black tie)라고 쓴다. 연극 공연, 음악회, 만찬 등 저녁 6시 이후 행사에 입는 약식 야회복이다. 턱시도를 대낮 결혼식에서 입는 것은 바람직하지 못 하다.

친하게 지내는 외교관 한 분이 외교관 초년 시절의 실수한 이야기를 들려주었다. 미국에 근무할 때 하루는 파티에 참석해 달라는 내용의 초청장을 받았다고 한다. 초청장에 '블랙 타이'라고 써 있어 주말에 백화점에서 어렵게 검은 넥타이를 사서 매고 갔더니 검은 넥타이를 한 사람이 혼자뿐이라 당황했다고 한다. 그래서 슬그머니 회장실에 가서 넥타이를 풀었다는 것이다. 그는 블랙 타이가 검정색 나비 넥타이를 말하는지 몰랐던 것이다.

검은 넥타이는 상가(喪家)에 문상을 갈 때 한다.

③ 평상복 정장(business suit)

불어로는 트뉘 드 빌(tenue de ville)이라고 부르며 위아래 같은 색깔의 양복을 일컫는다. 특히 저녁 행사에는 짙은 색 양복(dark suit)을 입는 것이 예의이다. 간혹 저녁 리셉션에서 베이지

색 등 밝은 색 양복을 입은 사람을 보는데 눈에 튀어 본인도 불편하고 다른 참석자들은 에티켓을 모르는 사람으로 간주하기 쉬우므로 짙은 색 양복을 입는 저녁 복장 에티켓을 잊지 말자.

④ 구두

구두도 복장의 일부이므로 신경을 써야 한다. 두 가지 색의 구두는 시내용이 아니라 교외용이므로 시내에서는 피해야 한다. 짙은 색 구두를 신을 때 흰 양말을 절대 신지 않도록 한다. 양복이나 구두 색에 맞추어 신는 것이 요령이다. 넥타이는 벨트에 닿은 길이가 기준이지만 약간 길게 매야 보기 좋다. 외투는 감색이나 회색이 밤낮 모두 입을 수 있으므로 무난하다.

⑤ 장식품

남성의 장식품으로는 커프스 버튼과 타이핀을 들 수 있다. 서양에서는 남자들이 다이아몬드가 박힌 반지나 커프스 버튼, 타이핀을 하지 않으므로 참고 하면 좋다. 스마트 캐주얼로 입을 때는 폭이 넓고 와이셔츠 단추를 하나 푸는 아스콧(ascot) 타이도 센스 있어 보일 수 있다.

부토니에는 프랑스어 표현으로 요즘 남성들이 재킷 깃에 꽂은 것을 가끔 볼 수 있다.

⑥ 때와 장소에 맞는 옷차림

때와 장소에 적절한 차림새도 에티켓이다 관광을 하러 나서면서 정장을 입거나, 음악회에 가면서 청바지와 티셔츠를 입는 것은 바람직하지 못하다.

여성

① 낮 복장

우리나라 주부들도 오전 중에는 집안일을 하고 주로 오후에 외출하듯이 서구의 주부들이 주로 오후에 외출한다. 아래위가 같은 옷감으로 된 수트(suit)나 아래위가 다른 세퍼레이트(separate) 모두 입을 수 있다. 오후 외출용 옷을 애프터눈 드레스

(afternoon dress)라고 부른다. 모자를 써도 되고 장갑을 껴도 된다.

② 저녁 복장

크게 칵테일 드레스(cocktail dress)와 이브닝 드레스(evening dress)로 나눌 수 있다. 칵테일 드레스는 오후 5시 이후의 행사나 칵테일 파티 때 입는 옷으로 모양이나 길이가 꼭 정해져 있지는 않다. 단 오후 외출복보다는 우아한 옷이 좋다.

이브닝 드레스는 여성의 복장 중 가장 화려하므로 옷감은 고급 소재로 하고 롱드레스를 원칙으로 한다. 이 경우 구두는 굽이 높고 금색이나 은색 혹은 드레스 색과 같은 펌프스나 샌들을신는다.

이브닝 드레스를 입을 때 모자는 안 쓰는 게 원칙이나 액세서리는 화려하게 목걸이, 귀걸이, 팔찌, 브로치, 반지 등 보석으로 한다. 이브닝 드레스를 입고 외출을 할 때에는 계절에 따라 숄을 두르거나 코트를 입는 것이 원칙이다.

로마에 가면 로마 사람처럼 하라.

When in Rome, do as the Romans do.

액세서리

모자

여성의 경우: 카페, 상점과 같은 공공 장소에 들어갈 때는 벗을 필요가 없다. 영화관이나 연극 공연장에 갔을 때는 무릎 위에 놓거나 클로크룸에 맡기는 것이 좋다.

① 만찬 때는 모자를 벗는다.

② 오찬 때는 써도 된다.

③ 교회, 예식 모임에서는 모자를 쓴다.

남성의 경우: 레스토랑, 극장 등 어디를 가든지 모자를 벗는 것이 예의이다.

① 길에서 아는 사람을 만났을 때

② 길에서 여성과 얘기를 나눌 때
③ 실외에서 소개를 받았을 때
④ 작별 인사를 할 때
⑤ 연장자나 성직자를 만났을 때
⑥ 여성을 동반한 친구를 만났을 때
⑦ 동행한 사람이 아는 여성과 인사를 할 때

핸드백

낮에는 핸드백이 상당히 기능적인 역할을 한다. 필요에 따라서는 큰 가방을 들 수도 있고 서류 가방을 들 수도 있으므로 크기는 별로 문제가 되지 않는다.

하지만 저녁에는 크기와 소재에도 신경을 써야 한다. 가죽 제품이 아닌 작은 백을 드는 것 이 원칙이며 내부 소지품을 깔끔히 정리해야 한다. 백을 열어 열었을 때 정리가 되어 있지 않아 내용물을 다 쏟아 놓고 찾는 모습은 별로 아름답게 보이지 않는다.

여성은 핸드백을 늘 갖고 다니는 것이 예의이지만 단 친한 사람들끼리 식사를 할 때 거실에 놓고 식당으로 가도 되며 식사 후 다시 거실로 돌아왔을 때 핸드백을 챙기면 된다. 남성은 현관에 들어 서면서 가방을 입구에 놓아 둔다.

장갑

여성의 경우: 길거리에서 장갑을 벗을 필요는 없으나 필요에 따라 벗을 수도 있다. 거실에서나 식사를 하러 식당으로 갈 때는 벗는다.

무도회의 경우에는 끼고 있어도 된다. 이브닝 드레스를 입었을 때에는 옷과 조화를 이루는 색의 장갑을 낀다.

남성의 경우: 남성이나 여성이나 악수를 할 때는 벗는 것이 예의이다. 단 상대방도 장갑을 끼고 있다면 끼고 있어도 무방하다.

장갑을 벗지 못해 죄송합니다.

Excuse me for not taking off my gloves.

괜찮습니다.

You can keep your gloves on.

향수

적당한 양을 사용하면 남에게 호감을 줄 수 있으나 과도하게 사용하면 불쾌감을 줄 수도 있는 화장품이 바로 향수이다. 요즈음은 남성, 여성 모두 향수 사용이 일반화되었으므로 국제화 시대를 살아가려면 향수에 대해서도 일반적인 상식 정도는 알아 두어야 할 것 같다.

우선 향수의 종류를 살펴보면, 향의 농도에 따라 분류하는 방법이 가장 많이 쓰인다. 일정 기간 같은 향수를 사용하면 그 향기가 풍길 때 그 사람을 연상할 수 있으므로 자신이 즐겨 사용하는 향수를 정해 놓으면 좋다.

마릴린 몬로가 잘 때 무엇을 입고 자느냐는 질문에 '샤넬 N°5'라고 답변하여 그녀가 가장 애용하는 향수가 샤넬 5번임이 밝혀진 바 있다.

엘리자베스 테일러는 그녀의 일생을 통해 입증되었듯이 매사에 열정적이었다. 자신의 이미지에 부합한 향수를 만들기를 원했던 그녀는 드디어 열정(PASSION)이란 이름의 향수를 개발했다.

향수의 종류	향료 원액 농도(%)	알코올 함유량(%)	향 지속 시간	특징
퍼퓸 perfume	15~30	70~85	12시간 이상	고농도 원액 함유로 지속 시간이 길다.
오 드 퍼퓸 eau de parfum	8~15	85~92	7~8시간	퍼퓸보다 약하고 오드 투알렛보다 강하다.
오 드 투알렛 eau de toilette	4~8	92~96	4~5시간	부담없이 누구나 쉽게 사용할 수 있다.
오 드 콜롱 eau de cologne	3~5	93~95	1~2시간	향이 신선하고 상큼해 목욕 후 전신에 사용할 수 있다.

향을 사용할 때 주의할 점

향수를 사용할 때는 여름철에 각별히 주의해야 한다.

은은한 향기가 풍길 때는 향수를 사용한 사람의 이미지에 도움이 되지만, 무더운 여름에 땀 냄새와 향수 냄새가 섞여 악취를 풍길 수 있으므로 사람이 많이 모이는 장소에 갈 때에는 특히 신경을 써야 한다.

아카시아, 레몬과 같은 상큼한 향을 택하고, 냄새가 오래 지속되는 퍼퓸보다는 오 드 투알렛이나 오 드 콜롱 등 가벼운 향수를 사용하는 편이 좋다.

움직임이 있는 팔목이나 발목, 머리, 귀밑 등에 살짝 뿌리면 좋지만, 땀이나 피지 등이 잘 섞이는 부위는 삼가야 한다. 옷에 사용할 경우에는 블라우스나 손수건에 조금 뿌려도 좋으나 실크 제품에는 피하도록 한다.

향은 아래에서 위로 전달되므로 하반신에 뿌리면 오래 지속되는 효과를 노릴 수 있다. 향은 공기와 접하면 변질되므로 스프레이 타입이 좋다. 병 타입은 아껴 쓰느라고 오래 보관하면 알코올 성분이 많이 포함되어 있는 제품은 향이 날아가 버릴 수 있다.

직사 광선을 피해 보관하고 뚜껑을 잘 닫아 두도록 한다.

향을 최초로 사용한 사람은 기원전 2480년 이집트의 사후라 왕으로 기록되어 있다. 그 이후 계속 발달되어 오늘날은 프랑스가 세계 향의 메카로 군림하고 있다. 18세기 왕궁을 중심으로 향수 문화가 시작되었으며, 특히 루이 15세의 애첩이었던 뒤바리(Du Barry) 부인이 향수를 사용함으로써 유행하기 시작했다. 당시 가죽옷을 많이 입었으므로 가죽 냄새를 없애려는 목적으로 향을 많이 사용했다고 한다.

우리나라는 삼국 시대 승려들이 중국에 파견되었다가 돌아올 때 향료를 가져오면서부터 유입되었다고 알려졌으나 그 전에 불교가 전파되었기 때문에 사찰용 향료가 이미 사용되었으리라는 추정도 있다.

불교가 널리 확산되어 나감에 따라 청결이 강조되고 목욕이 대중화되기 시작했는데, 목욕 용품으로는 곡물을 이용한 원시적인 형태의 비누가 사용되었다. 이때 곡물 비린내를 없애기 위해 향을 사용했다고 한다.

고려, 조선 시대까지 계속 천연 향료가 사용되었으며, 특히 고려시대의 귀부인들은 향낭 또는 향집 노리개를 몸에 지녔을 정도로 향에 대한 애착이 컸다고 한다. 하지만, 귀족 계급 일부에만 국한된 풍습이었고 워낙 폐쇄적인 사회여서 많은 발전은 없었던 것 같다.

손수건

우리나라 여성들은 부끄러울 때 얼굴을 가리거나 더울 때 얼굴을 닦기 위해 손수건을 가지고 다니며 남 앞에서 손수건을 꺼내는 행위가 실례라고 생각하지 않는다.

서양의 관습으로는 다른 사람 앞에서 손수건을 보이지 않아야 하며 부득이한 경우에만 눈에 안 띄게 꺼내어 사용한다. 그러므로 손수건을 꺼내 냅킨 대용으로 사용한다든지, 꺼내서 손에 들고 만지작거리는 행동은 삼가야 한다. 아무리 예쁘고 좋은 손수건이라도 외국인들에게 손수건은 땀을 닦거나 코를 푸는 소지품으로 간주되므로 반드시 핸드백에 넣어 두어야 한다.

주얼리

점심 식사 때에는 반지 한두 개, 팔찌, 진주 목걸이, 간단한 금목걸이, 브로치 정도는 착용해도 괜찮다. 낮에 많은 주얼리를 착용하면 너무 화려해 부담스러울 수 있다. 저녁 때는 의상과 어울리는 화려한 보석을 착용해도 좋다. 상중에도 착용이 주얼리는 보석은 진주이다. 주얼리 착용에도 '지나치면 안 한 것만 못하다'는 진리가 적용된다.

화장

식사 후 별 생각 없이 남이 보는 데서 화장을 고치는 태도는 예의에 어긋난다. 식사하기 전 화장실에 들러 화장을 점검하는 일은 잘하면서도 식사 후에는 그자리에서 립스틱을 꺼내 바르고 팩트를 두드리는 모습을 흔히 볼 수 있다.

매니큐어를 애용하는 사람은 혹시 매니큐어가 벗겨진 손톱이 없나 꼭 살펴보아야 한다. 손톱을 깔끔하게 다듬고 잘 바르지 못하면 아예 지워 버리는 편이 낫다. 서양 사람들은 손톱에 매니큐어를 단정하게 바른 것을 예의를 갖췄다고 생각한다. 만찬 초대 시에는 화려한 보석도 착용하고 화장도 하므로 립스틱 색에 맞추어 매니큐어 색깔도 골라 바르도록 한다.

우리나라 여성들 중에는 화장을 진하게 하는 여성들이 많은

데, 서양에는 짙은 화장을 하는 여성이 거의 없다. 그들은 이목구비가 뚜렷하기 때문에 옅은 화장을 해도 효과가 커 보인다. 특히 파운데이션을 우리처럼 많이 바르는 여성은 거의 없고, 피부색을 자연스럽게 드러내는 화장이 더 우아하다고 생각한다.

저자와 친하게 지내는 외국 남성들은 한국 여성들이 화장을 너무 진하게 하고 그 아름답고 고운 검은 머릿결에 염색을 하거나 파마를 해서 오히려 자연스럽지 못하게 만든다고 이야기한다. 왜 돈과 시간을 들여가며 그 자연스러운 모습을 인위적이고 개성없는 모습으로 바꾸어 놓는지 이해하기 어렵다고 한다. 물론 헤어스타일은 자기 취향대로 하겠지만 자연스러움을 살리며 손질하면 좋지 않을까.

화장 솜씨로(face powder) 남자를 잡을 수는 있지만
남자를 붙잡아 두는 것은 요리 솜씨(baking powder)이다.

Face powder may catch a man,
but it's baking powder that keeps him.

페티켓

유명 아이돌 그룹 멤버의 반려견에 물린 이웃이 사망한 사실이 알려져 개를 제대로 관리하지 못하는 견주들에 대한 비판이 한동안 계속 되었다. 한국에도 반려동물을 키우는 인구가 1000만 명에 이르다 보니 반려동물로 인한 사고와 이로 야기된 피해자와 견주 사이의 갈등이 심각한 사회 문제로 번지고 있다.

얼마 전 영국에서 개가 다섯 살 난 아이 얼굴을 물어뜯은 사건에 대한 판결이 있었다. 개는 목줄을 매고 있었지만 입마개는 하지 않았다. 견주의 80세 된 노모가 개와 산책을 나갔다 일어난 일이었다. 노모는 12개월형을 선고 받았고, 앞으로 남은 여생 동안 반려견을 키울 수 없게 됐다. 견주에게는 사회봉사명령

과 함께 평생 개를 키워서는 안 된다는 선고가 내려졌으며, 개는 안락사에 처해졌다. 주위에서도 이와 비슷한 사건이 일어나 견주와 피해자가 앙숙이 되었다 결국 이사까지 가는 것을 본 적도 있다.

개와 고양이는 애완의 의미를 넘어 동반자란 뜻의 반려동물로 승격되었을 뿐만 아니라 반려동물을 가족처럼 생각하는 사람들이라는 의미의 펫팸(Pet+family)족이란 합성어도 등장하기에 이르렀다.

페티켓(Petiquette)이란 애완동물을 뜻하는 펫과 에티켓(Pet + Etetiquette)의 합성어이다. 그러나 대부분의 반려동물 주인들이 페티켓을 모르거나 무시하는 경향이 많다.

반려동물 에티켓 5계명이 여러 매체에 다투어 소개되고 있는 만큼 우리도 이 기회에 알아두자.

1) 아파트의 공동 현관이나 엘리베이터에서는 안고 다니기

2) 외출 할 땐 목줄과 입마개 등 안전장치 하기

3) 대중교통을 탈 때에는 애완용 동물 전용 가방에 넣기

4) 외출 시에는 배변 봉투 지참해 용변 치우기

5) 지자체에 반려동물 등록 및 인식표 달기

펫팸(Petfam)족은 페티켓을 지켜 남에게 피해가 가지 않도록 배려하고 소통하며, 애완동물을 끝까지 책임지고 관리하는 책임의식을 가져야 한다.

제2장

글로벌 에티켓, 품격의 시작이다

초대와 방문

초대를 받았습니까?

우리나라 사람들이 좀처럼 자기 집으로 손님을 초대하지 않는 반면 서양 사람들은 집으로 초대하기를 좋아한다.

제 생일 파티에 와주시면 좋겠습니다.

I want you to come to my birthday party.

일요일 저녁에 제 생일 파티를 하는데 올 수 있으십니까?

I'm giving a birthday party this Sunday night.

Can you join us?

좋습니다. Nancy와 같이 가도 됩니까?

I would be glad to. Would you mind if I bring Nancy?

꼭 가겠습니다.

I'll be there for sure.

죄송합니다만 못 갈 것 같습니다. 선약이 있습니다.

I'm sorry, but I'm afraid I can't. I have a previous engagement.

몇 시에 시작합니까?

When will the party start?

우리는 감사의 뜻을 표하기 위해 외국인들을 종종 호텔 레스토랑에 초대하지만, 사실 외국인들은 다소 불편하더라도 집에 초대받기를 더 원한다.

집으로 초대하지 않고 호텔 고급 레스토랑에 초대한다면 사적인 면을 공개하지 않으려 한다고 받아들여 거리감을 느끼기 때문이다.

외국인 집에 초대받아 갔을 때는 현관에서 인사를 하고 집안으로 들어선다.

초대해 주셔서 감사합니다.

Thank you for inviting us.

와 주셔서 감사합니다. 어서 들어오십시오.

I am glad you could come. Please come in.

집처럼 편하게 생각하세요.

Please make yourself at home.

감사합니다. 제가 준비한 선물입니다.

Thank you veru much. Here is a present for you.

감사합니다! 이러시지 않아도 되는데….

Oh, thank you! It's very nice of you.

서양의 집은 대부분 신발을 벗지 않고 신고 들어가게 되어 있다. 아파트가 아닌 주택에는 대부분 침실은 2층에 있고 거실, 식당 등은 1층에 있다. 모자와 외투를 벗어 현관에 놓고 실내로 들어간다.

May I take your coat?

코트를 벗으시겠어요?

보통 여주인 즉 호스테스가 앉기를 권할 때까지 서서 기다렸다가 의자에 앉는다. 남성은 여성이 먼저 앉기를 기다린 다음 앉는다. 호스테스가 음료를 내오면 마시면서 가벼운 화제로 재미있게 이야기를 나누기 시작한다.

취미(hobby, past time)를 주제로 한 이야기가 부담도 없고 상대방에게도 흥미로운 이야깃거리가 될 수 있다.

취미가 무엇입니까?

What are your hobbies?

테니스입니다.

My hobby is playing tennis.

독서입니다.

Reading.

골프는 좋아하십니까?

Do you like golf?

아니오. 스포츠에 취미가 없습니다.

No, I have no interest in sports.

당신의 취미는요?

How about you?

만약 화장실에 가고 싶을 때에는 다음과 같이 말하면 된다.

죄송합니다. 화장실에 가고 싶습니다.

(손을 씻고 싶다고 완곡하게 표현하면 된다.)

Excuse me, I'd like to wash my hands.

여성용 화장실이 어디에 있습니까?

Where is the ladies' room?

남성용 화장실이 어디에 있습니까?

Where is the men's room?

Bathroom	화장실(toilet)+목욕실(bath) 개인 주택, 아파트 내의 화장실
men's room ladies' room	백화점, 식당, 호텔 로비 등 공공 장소의 화장실
rest room	극장, 백화점의 화장실
W.C. - Water Closet	수세식 화장실
toilet room	화장실
Lavatory	비행기 내 화장실
powder room	화장실(완곡한 표현)

선물은 언제 어떻게 전달하나?

우리는 친구나 친지를 방문할 때 선물을 가지고 가는 습관이 거의 일반화되어 있다. 서양에서는 보통 선물을 가져가지 않으나 경우에 따라서는 작은 선물을 가져가기도 한다. 작은 선물이란 초콜릿, 꽃, 화분, 와인 등으로 지나치게 값비싼 선물보다는 받아서 반갑고, 부담은 없는 정도로 한다. 특히 서양에서는 저녁 식사에 초대받았을 때는 케이크는 가급적이면 가져가지 않는 것이 좋다. 왜냐하면 대부분 케이크는 호스테스가 집에서 손수 만들기 때문이다.

외국인 집에 초대받아 선물을 들고 갔는데 언제 건네주어야 할 지 몰라 고민하는 사람이 간혹 있는데, 집에 들어가면서 인사를 나눈 후 건네주면 된다. 선물을 받는 사람은 즉시 풀어 보고 좋아하는 표정을 지으며 감사의 뜻을 전해야 한다.

선물은 정성껏 포장해서 주어야 한다. 와인은 색깔이 있는 한지로 잘 싸서 선물하면 센스 있어 보인다. 배달되어 온 선물에 대해서는 반드시 전화를 걸거나 편지로 감사의 뜻을 전해야 한다. 가상의 마음을 함께 잘 받았다는 사실도 알리게 되므로 일석 이조의 효과를 거둘 수 있다.

선물을 주고받을 때

작은 선물이지만 마음에 들었으면 합니다.

Here is something for you.

This is a small gift. I hope you like it.

제게 이보다 더 좋은 선물은 없습니다.

This is the perfect gift for me.

유학 시절 초기의 일이다. 파리에 도착한 지 얼마 안 되었을 때 서울에서 우연히 알게 된 프랑스인 부부가 초대를 했다. 저녁 8시라는 소리를 듣는 순간 저녁 식사하러 오라는 건지 식사 후 차라도 한잔 마시러 오라는 뜻인지 알 수가 없었다. 묻고도 싶었지만 실수나 하지 않을까 싶어 묻지도 못했다. 그래서 저녁 식사가 아닌 경우를 대비해 저녁을 먹고 8시 정각에 알려준 주소로 찾아갔다.

그런데 문제는 도착하는 순간부터 일어났다. 도착하고 보니 내가 첫 번째로 온 것이 아닌가! 한국식으로라면 정시에 도착하면 대부분 경우 몇몇 사람은 와 있어야 하는데… 게다가 초대받아 온 다른 사람들과 얘기를 나누다 보니 저녁 식사를 미리 하고 온 사람은 나밖에 없었다.

그 당시 나는 프랑스 사람들은 저녁 식사를 늦게 하는 줄 몰랐을 뿐 아니라 약속 시간보다 15분 정도 늦게 가는 것이 예의인 줄도 몰랐던 것이다. 정시에 가는 것이 동서를 막론하고 최고의 미덕인 줄 알았던 나는 그날 많은 것을 배웠다. 조금 늦게 가는 것이 마지막 순간까지 늘 뭔가 끝내야 할 일이 있어 동분서주한 호스테스에게 더 없이 고마운 일이라는 것과 잘 모르는 사이일 경우 다른 손님들이 올 때까지 무슨 말을 해야 할지 고심하면서 혼자 앉아 있는 것보다 낫다는 것을 체험으로 깨달았다. 다시 저녁 식사 얘기로 돌아가자면 프랑스식 식사는 정말 여러 코스의 푸짐한 식사였다. 매번 요리가 나올 때마다 먼저 먹고 와서 못 먹겠다는 소리를 해 창피를 당하느니 차라리 먹고 아픈 게 낫다는 생각으로 최선을 다해 먹었다.

게다가 자정까지 3시간 남짓 움직이지도 않고 한 자리에서 끊임없이 얘기를 나누는데 '빨리 빨리'에만 익숙했던 나에게는 무척이나 힘든 일이었다.

또 그 당시 나의 불어 실력으로 그들의 대화 내용을 따라가기에는 능력 밖이었다. 한국에서는 식사 중에 얘기를 많이 하지 않는 게 미덕이며 젊은 여자가 나이 많은 어른 앞에서 자기 생각을 또박또박 말하는 것이 안 좋다고 배워온 터라 끊이지 않고 대화하는 그들을 보고 경탄하지 않을 수 없었다.

물론 10년을 프랑스에서 살았고 60여 개국을 여행했으며 30년 가까이 국제회의 통역사로 활동을 하다 보니 외국인들과의 식사 시간이 길고 많은 대화를 나누는 것이 즐거움이며 많은 것을 배울 수 있는 소중한 시간이라는 생각을 하게 되었다.

친구를 초대하면서도 손수 만든 음식을 준비하지 않는 사람은 친구를 가질 자격이 없다.

Someone who receives his friends without giving any personal attention to the meal prepared for them is not worthy of having friends.

꽃이 가져다 주는 즐거움

아이가 태어날 때, 약혼식, 결혼식, 장례식 등 모든 관혼상제에 꽃이 쓰인다. 또 언제부터인지 생일이나 기념할 만한 날에 꽃을 주고받는 풍습이 낯설지 않게 자리잡아 가고 있다. 꽃은 이렇듯 우리 일상생활에 파고들었지만 아직도 꽃에 대한 에티켓을 생각해 볼만큼 여유가 없었던 것 또한 사실이다.

우리는 저녁 초대를 받아갈 때 빈손으로 가기 어려우면 가장 무난하고 준비하기 손쉬운 꽃다발을 들고 간다. 하지만 초대하는 집주인에게 꽃다발을 가져다 주면 저녁 식사 준비로 경황이 없는데 꽃병을 찾느라 더 정신이 없게 된다. 그러므로 서양에서는 꽃을 하루 전에 보내고 당일이라면 미리 보낸다. 준비가 늦어 부득이 방문 시에 꽃을 가져갈 경우에는 꽃병이 필요하지 않게 꽃바구니로 가져가면 좋을 것이다.

우리나라에서는 흰 꽃과 노란 꽃은 조의를 표시할 때 많이 쓰지만, 미국에서는 노란색이 승리를 상징한다. 그래서 미국 사람들은 걸프전에서 승리하고 돌아온 병사들을 환영할 때 거리를 노랑색 꽃으로 장식했다.

꽃 색에 대해 얘기하다 보니, 색의 의미에 대해서 하나 짚고 넘어가보자.

'같은 값이면 다홍치마'라는 말이 있듯이 대부분의 사람들은 색깔이 고운 것을 선호한다.

색깔은 정보이다. 물론 정보에 담긴 의미는 상황에 따라 다르다. 예를 들어 꿀벌하면 우린 노랑과 검정색을 떠올리며, 바로 이

노랑, 검정 두 색의 대비로 꿀벌은 눈에 쉽게 띈다. 다가오면 '벌떼처럼' 달려들어 혼낼 테니 다가오지 말라는 것이다. 우리 일상생활에서 자주 보는 교통 표지판이 벌꿀의 색인 노랑과 검정을 사용하는 것은 바로 눈에 잘 띄기 때문이다. 살아있는 생명의 세계에서 색깔은 여러 정보뿐만 아니라 자신의 능력이나 지위 같은 정체성도 나타내준다. 예를 들면 카톨릭에서 입는 긴 빨강색 의복은 고위직을 뜻한다. 추기경이 집전할 때 입는 옷 색이 빨강색인 것은 주지의 사실이다.

꽃을 보낼 때 알아두면 도움이 될 몇 가지 팁

① 어린 소녀에게는 강한 색의 꽃을 보내지 않는다.

② 우리나라에서는 어버이 날이나 스승의 날에 감사의 뜻으로 카네이션을 선물하지만, 프랑스인에게는 카네이션은 별로 달가운 꽃이 아니다. 나폴레옹 시대에 장미꽃은 유영한 연극 배우에게, 카네이션은 데뷔하는 신인 연극 배우에게 주었다고 한다.

③ 환자에게는 향기가 짙은 꽃은 보내지 않는다.

④ 시골에 사는 사람에게는 꽃을 보내지 않는다. 정원에 꽃이 있다고 생각하기 때문이다.

⑦ 꽃송이는 셋, 다섯, 일곱 등 홀수가 되도록 한다.

⑧ 구애를 할 때는 장미꽃을 많이 보내는데, 서양에서는 장미꽃은 가시가 있기 때문에 사랑의 달콤함(sweetness)와 쓰라림(pangs of love)을 잘 나타낸다고 생각하기 때문이다. 남성이 연인 관계가 아닌 여성에게 장미 꽃을 보낼 때는 핑크 빛이 무난하다.

⑨ 꽃을 선물할 때는 남자가 여자에게, 혹은 여자가 여자에게 주는 것이 예의이다.

꽃이름	꽃말 Meaning
수국	냉정 indifference
물망초	절개, 나를 잊지 마세요 forget-me-not
백합	순수함 purity
오랑캐꽃	겸손함 modesty
금잔화	질투, 걱정 jealousy
튜울립	사랑의 진실 true love
카네이션, 패랭이꽃	경쟁자가 있다 you have a rival
데이지, 마가리트	이별, 아듀 adieu
아네모네	왜 나를 저버렸습니까? why did you leave me?
흰 장미	순수한 사랑 spiritual love
노란 장미	부부 간의 사랑 marital love

꽃이름	꽃말 Meaning
분홍 장미	사랑의 맹세 pledge of love
붉은 장미	정열적인 사랑 passionate, carnal attachments
연꽃	동양에서 사랑의 상징 oriental symbol of love
네잎클로버	행운, 곧 사랑할 사람을 만남 luck

식사할 때의 좌석 배치

좌석 배치의 원칙

앞서 상세히 설명했지만 큰 줄기를 다시 한 번 짚고 넘어가자.

① 공직자는 서열에 따른다.

② 민간인이라도 유명한 사람은 대우해 준다.

③ 외국인, 손님의 친구, 자기 집에 처음 온 사람, 늘 오는 사람, 친척의 순으로 정한다.

④ 여성의 경우 기혼녀, 미망인, 이혼녀, 미혼녀의 순으로 정한다.

상석의 위치

① 벽난로가 있는 곳에서는 벽난로가 있는 곳이 상석이고 입구가 말석이 된다.

② 벽난로가 없을 때는 입구 쪽이 말석이고 정반대 쪽이 상석이 된다.

③ 정원 등 전망 좋은 곳을 바라보는 곳이 상석이고 등진 곳이 말석이다.

식당에서의 좌석 배치

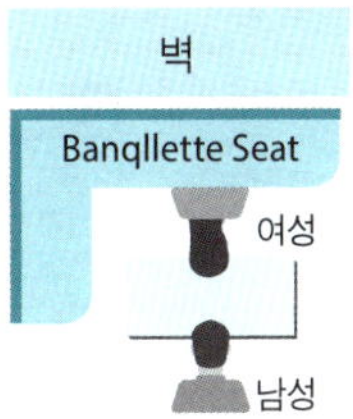

남녀 두 사람이 앉을 때

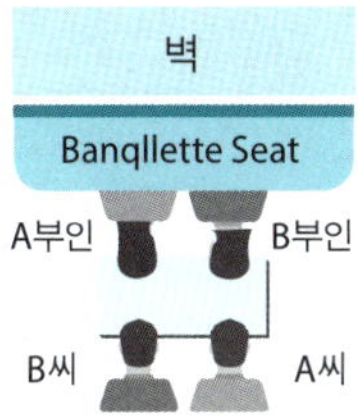

부부 두 커플이 앉을 때

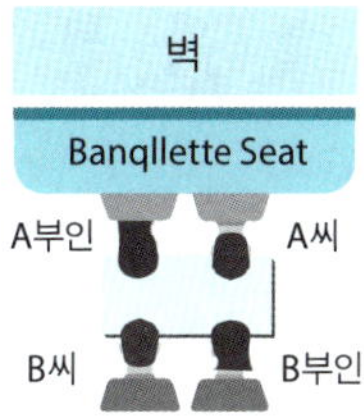

B씨 부부가 A씨 부부를
초청했을 때

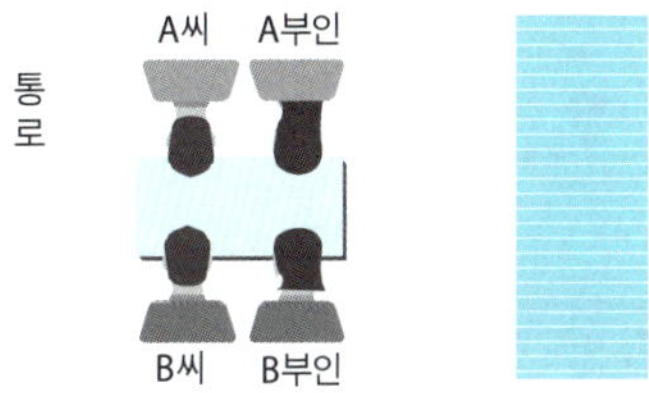

칸막이로 막은 자리에 부부 두 커플이 앉을 때

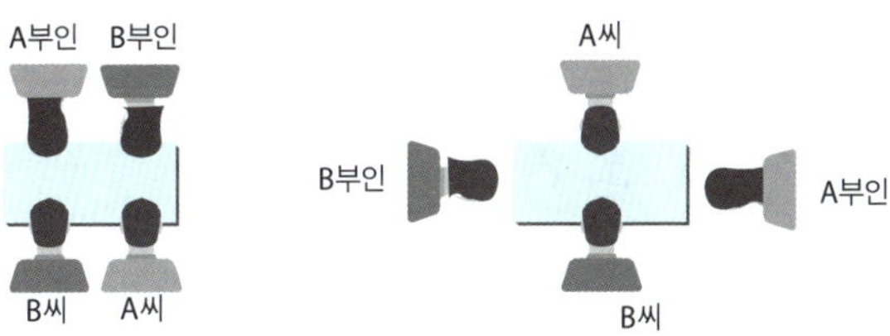

일반적으로 부부 두 커플이 앉을 때

일반적인 좌석 배치

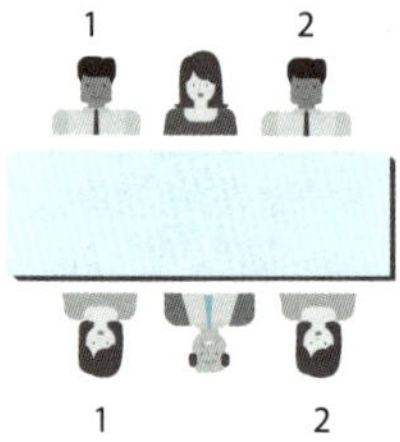

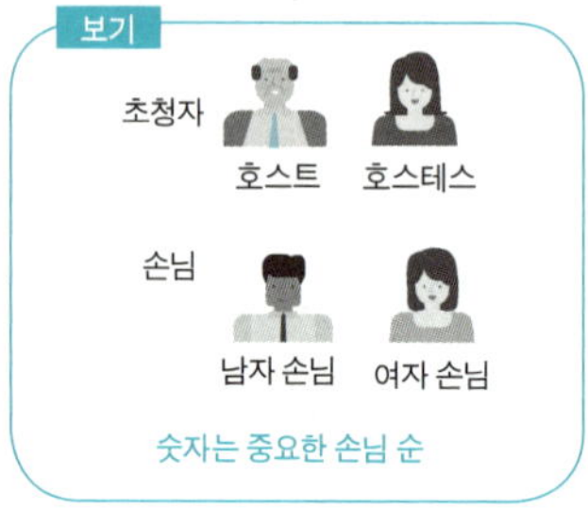

유럽식 좌석 배치

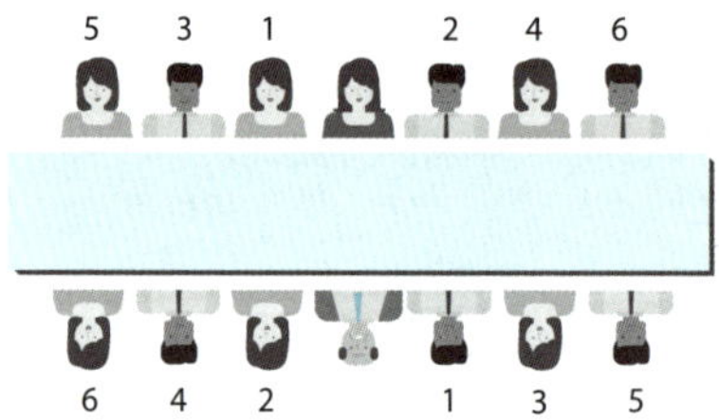

미국식 좌석 배치

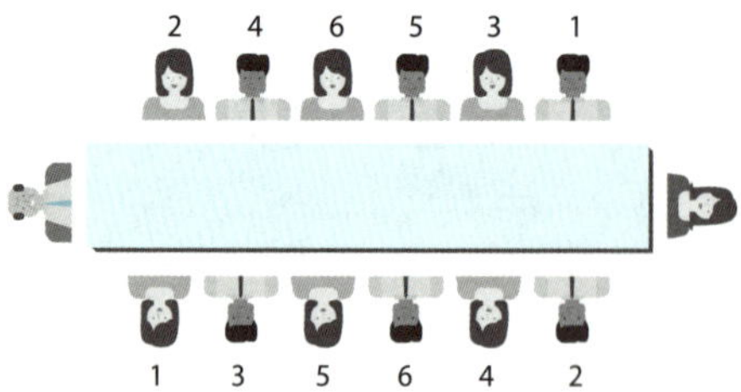

원탁(round table)에서의 좌석 배치

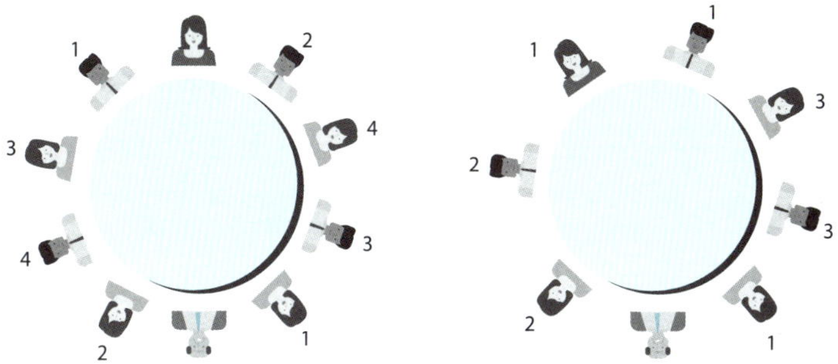

호스트가 주빈에게 자리를 양보했을 때 호스트는 3이나 4에 앉는다

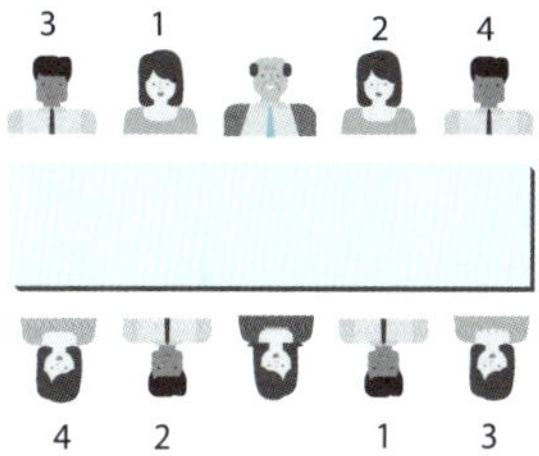

공식연회

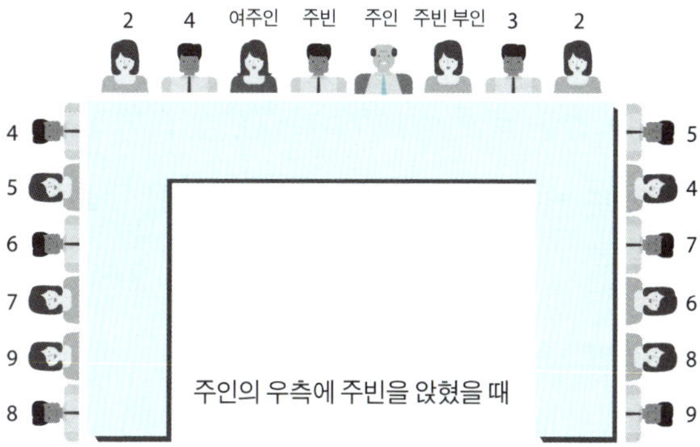

주인의 우측에 주빈을 앉혔을 때

14번째 손님

손님을 초대 할 때, 초대할 날짜가 코앞에 닥쳐서야 초대장을 보내는 것은 결례임을 누구나 안다. 선약 때문에 거절을 할 수밖에 없는 상황도 있고, 또 초대한 손님이 못 오게 되어 대타로 초대받는다는 느낌을 줄 수도 있기 때문이다.

우리나라에서는 손님들의 남녀 성비에 신경을 별로 안 쓰지만 서양에서는 남녀의 수가 같도록 배려한다. 싱글인 남자 손님을 초대해야 하는 경우 걸맞은 싱글 여자 손님을 찾아 초대한다. 또 초대받은 사람이 12명이면 자리 배정이 힘들기 때문에 14명을 초대하는 경우가 많다. 문제는 갑자기 한 사람이 사정이 생겨 못 오게 됐을 때는 13명이 된다. 서양에서는 '13'이란 숫지는 우리의 '4'만큼이나 불길한 숫자라고 생각하므로 피해야 한다.

요즈음에는 거의 사라졌지만 얼마 전까지만 해도 프랑스에서는 '카토르지엠(quatorzième)'이 라는 직업이 있었다 '카토르지엠'이란 14번째라는 뜻으로, 정장 차림으로 대기하고 있다가 사정으로 초대 손님이 13명이라 고민하는 만찬 주최측으로부터 연락이 오면 만찬 장소에 달려가 14번째 손님 역할을 태연히 해내는 사람을 말한다.

물론 대화에도 참여하고 다른 손님들과 함께 즐거운 저녁 식사를 한다. 참석자 수가 13명이 되는 상황은 금기시했던 서양 기독교 문화의 영향을 잘 엿볼 수 있는 습관이다.

주의해야 할 점

① 부부를 나란히 앉히지 않는다.

② 부부를 마주 보게 앉히는 좌석 배치도 피한다.

③ 손님을 상석에 앉히고 주인 즉, 호스트는 마지막에 앉는다.

브라운 씨는 여기 앉으십시오.

Mr. Brown, please take a seat here.

게이트 씨는 브라운 여사 옆에 앉으십시오.

Mr. Gate, please sit next to Mrs. Brown.

헤드 테이블에 앉으십시오.

Please sit at the head table.

사람들이 자신은 중요한 사람이라고
느끼게 해줄 수 있는 기회를 찾아라.

Look for opportunities to make people feel important.

테이블 매너

전체 요리(appetizer, hors d'oeuvres)

식욕을 돋우기 위해 주식 전에 간단히 먹는 요리, 불어로는 앙트레(entrée)라고도 한다.

상석부터 서빙이 되는데 나오는 순서대로 먹으면 된다. 차가운 전채 요리는 은쟁반에 담아 내오는데 손님이 빈 접시에 적당량을 덜어 먹는다. 전채 요리는 너무 많이 먹으면 메인 요리를 제대로 음미할 수 없다.

전채 요리의 예를 몇 가지 들면 다음과 같다.

차가운 전채 요리

- 캐비어(caviar): 철갑상어의 알, 최상품은 이란 산

- 푸아 그라(foie gras): 거위 간
- 새우 칵테일(shrimp cocktail)
- 카나페(canapé): 토스트나 크래커 위에 치즈, 연어 등을 얹어 한입에 먹기 좋게 나오는 요리. 손으로 먹는다.

따뜻한 전채 요리

- 파이(pie)
- 에스카르고(escargot): 달팽이 요리로 버터와 마늘 등을 넣어 오븐에 구워 낸다. 왼손에 든 집게로 껍질을 고정하고 오른

손으로 에스카르고용 포크를 사용해 집어내어 먹는다.

수프와 빵

수프에는 여러 종류가 있다.

- 포타주(potage): 진한 수프(야채 수프, 크림 수프)
- 콘소메(consommé): 맑은 수프

미국에서는 수프를 떠먹을 때 자기 앞쪽에서 바깥쪽으로 떠먹으며 유럽에서는 바깥쪽에서 안쪽으로 떠먹는다. 수프를 먹을 때 뜨겁다고 입으로 불어 가며 먹으면 안 되고, 후룩후룩 소리를 내면서 먹어서도 안 된다.

오늘의 수프는 무엇입니까?

What is the soup of the day?

아스파라거스 수프입니다.

It's asparagus soup.

그것으로 하겠습니다.

I will take that.

원칙적으로 빵은 수프를 먹고 나서부터, 즉 요리와 함께 시작해서 디저트를 먹기 전에 끝낸다. 단, 빵이 처음부터 제공되면 처음부터 먹기 시작해도 무방하다. 빵은 왼쪽에 놓으며 여러 종류의 빵을 섞어 놓으면 손으로 가져다 먹는다. 빵을 손으로 입에 들어갈 만큼씩 뜯어먹으며 테이블에 떨어진 부스러기는 내버려둔다. 디저트 서빙 전 테이블 청소용 조그만 솔을 가져와 빵 가루를 쓸어 준다.

서양식 상차림에서 어느 쪽에 놓인 빵과 물이 자기 것인지 모르는 사람들이 있는데 빵은 자기의 왼쪽에 있는 것을. 물은 오른쪽에 있는 것을 마신다. 예전에 한 오찬 세미나에 참석했을 때 나의 왼쪽에 앉은 사람이 내 빵을 자기 것으로 알고 먹는 바람에 물이라도 마셔야겠다고 생각하며 물잔에 손을 가져가는데 이번에는 나의 오른쪽에 앉은 사람이 내 물을 마셔 당황했던 기억이 있다.

생선

생선은 위쪽 살을 다 먹은 다음에는 뒤집지 말고 나이프를 뼈와 아래쪽 살 부분 사이에 넣어 살과 뼈를 말라낸다.

가시를 먹은 경우에는 입 속에서 발라내 어 한 손으로 입을

프랑스, 영국 등 유럽에서는

1월, 2월, 3월, 4월, 9월, 10월, 11월, 12월과 같이(January, February, March, April, September, October, November, December) 달 이름에 'r'자가 들어있는 달에는 해물을 즐겨 먹는다. r자가 없는 달은 더운 때여서 해물이 신선하지 않으므로 먹지 않는 것이 좋기 때문이다.

Don't eat oysters unless there is an 'R' in the month.

R자가 없는 달에는 굴을 먹지 마세요 라는 재밌는 영어 표현도 있으니 알아 두도록 하자.

가리고 포크로 받아 자기 접시 가장자리에 놓는다.

생선살 위에 레몬을 오른손으로 짜 즙을 뿌린다. 즙을 짠 레몬은 역시 접시 한쪽에 놓는다.

새우는 껍질을 포크와 나이프를 사용해 벗긴 후 소스에 찍어 먹는다.

해물을 먹고 난 후에는 핑거 보울(finger bowl)에 한 손씩 번갈아 손가락 끝을 씻는다.

고기요리

안심 스테이크 중 최상급은 샤토브리앙(Chateaubriand)이다. 19세기 프랑스 작가 샤토브리앙의 이름에서 유래했다. 샤토브리앙은 대단한 미식가로 스테이크를 즐겼는데 그가 즐겨 먹던 안심부위를 샤토브리앙이라 부른다.

스테이크는 굽는 정도에 따라 맛이 달라진다.

스테이크를 자를 때는 접시 바깥쪽에서부터 안쪽으로 잘라가며 먹는다.

스테이크는 나이프와 포크를 사용해 한입에 넣을 만큼 잘라 먹는다. 처음부터 고기를 잘게 다 잘라 놓으면 고기가 식어 제맛이 나지 않기 때문이다. 또한 주의 할 것은 요리를 나이프로 찍어 먹는 일이 없도록 한다.

영어	불어	구운 정도
	bleu(블뢰)	불에 댔다 만 것. 파란 색이 돈다.
rare	saignant(세냥)	조금 구운 것
medium rare		조금 더 구운 것
medium	à point(아푸앵)	중간 정도
well done	bien cuit(비앵퀴)	완전히 구운 것

음식의 기호와 금기

종교상의 이유로 인도인은 쇠고기를 먹지 않으며, 유태인은 돼지고기를 먹지 않는다. 중국인들은 고양이, 뱀, 원숭이까지도 먹는가 하면 프랑스인은 달팽이, 개구리, 말고기 요리도 즐긴다.

샐러드

고기는 강한 산성 식품이고 야채는 알칼리성 식품이므로 같이 먹거나 고기를 먹은 후에 샐러드를 먹는 것도 좋다, 미국인들은 샐러드를 고기와 같이 먹거나 먼저 먹지만 프랑스인들은 고기를 먹고 나서 샐러드를 먹는다. 샐러드를 먹을 때는 나이프를 쓰지 않고 포크를 써서 먹는다. 빵과 샐러드는 나이프를 쓰지 않는다는 점을 유념한다.

샐러드에 뿌리는 드레싱(dressing)에는 여러 종류가 있다.

① 사우전드 아일랜드: 미국 북부 사우전드 아일랜드 섬에서 유래한 소스 이름으로 부인을 지극히 사랑한 한 미국 사람이 부인을 위해 사우전드 아일랜드에 성을 짓고 주방장에게 특별히 부탁해 만든 마요네즈가 들어간 소스라고 한다.

② 프렌치 드레싱: 기름과 식초를 섞은 소스. 이탈리언 드레싱이라고도 한다.

소금과 후추

음식을 두서너 번 맛본 후 소금, 후추, 겨자 등을 치는 것이 요리를 준비한 호스테스에 대한 예의이다. 소금과 후추가 좀 멀리 있으면 직접 손을 뻗어서 집으려 하지 말고 옆 사람에게 부탁한다.

소금 좀 건네주세요

Would you please pass the salt?

햄버거의 유래

13세기경 유럽을 정복한 몽골족은 전쟁 중 쇠고기를 말 엉덩이에 매달고 다녔는데 오랜 기간 동안 원정을 다니므로 고기가 말 엉덩이에 부딪혀 부서져서 부드럽게 되었다고 한다. 이렇게 부드러워진 고기를 날것으로 먹던 습관이 유럽에 전해져 타타르 스테이크가 되었으며, 이는 우리나라의 육회와 맛이 거의 비슷하다. 독일의 함부르크(Hamburger) 사람들이 이 고기를 구워 먹기 시작하면서부터 '햄버거(Hamburger) 스테이크'가 되었다고 한다.

치즈

요즈음은 치즈를 샐러드와 디저트 사이에 먹지만 과거 왕정 시절에는 디저트를 먼저 먹고 치즈를 먹었다고 한다.

프랑스 사람들은 디너 때 반드시 치즈를 먹는다. 치즈가 여러 종류가 나오면 서빙 나이프로 먹을 만큼만 잘라서 자기 앞에 놓은 접시에 덜어 먹는다.

프랑스치즈

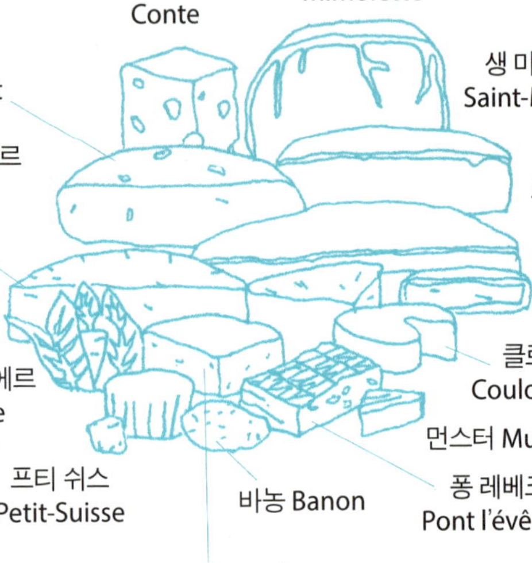

나폴레옹은 특히 카망베르(Camembert) 치즈를 좋아했는데 부인 조세핀은 나폴레옹을 깨울 때 냄새가 독한 치즈를 코앞에 갖다 댔다는 일화도 있다.

치즈가 365종류나 되는 나라를 어떻게 통치할 수 있을까요?

How can you be expected to govern a country that has 365kinds of cheese?

치즈 종류만큼이나 각양각색인 프랑스 국민의 취향에 맞춰 통치하기란 어렵다는 드골 프랑스 전 대통령의 말이다

디저트(dessert)

메인 코스가 끝나고 디저트를 주문하기 전에 테이블 위의 빵, 접시 등을 치우기 때문인지 디저트의 어원은 불어로 desservir 즉 '치우다'이다 디저트로는 케이크, 과일, 아이스크림 등이 나온다. 주식이 대부분 짜기 때문에 후식으로는 자연히 단 음식이 나온다.

과일 깎아 먹는 법

- 바나나: 우선 바나나의 양끝을 칼로 자른다. 포크로 바나나의 한쪽 끝을 누른 다음 나이프로 껍질에 칼집을 낸 뒤 나이프와 포크로 껍질을 벗긴다. 왼쪽부터 한 입씩 잘라먹으며 다 먹은 다음에는 껍질을 다시 말아놓는다.

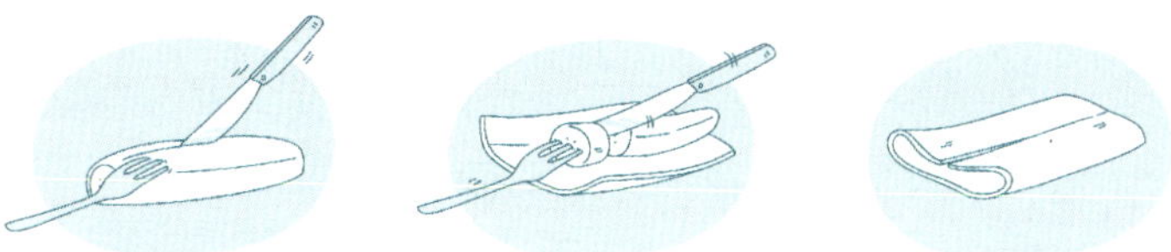

• 사과: 나이프로 사과를 반으로 나눈 뒤 다시 반으로 잘라 4 조각을 만든다. 한 조각씩 포크로 찔러 놓고 나이프로 껍질을 깎는다. 그 다음 접시에 내려놓고 포크로 누르면서 나이프로 씨를 도려낸다.

• 멜론: 스푼으로 먹을 경우에는 왼손으로 껍질 부분을 잡고 스푼으로 떠먹는다. 나이프로 먹을 경우에는 포크로 멜론의 왼쪽을 누르고 나이프로 오른쪽에서부터 껍질을 분리시킨 후 한 쪽씩 잘라 먹는다.

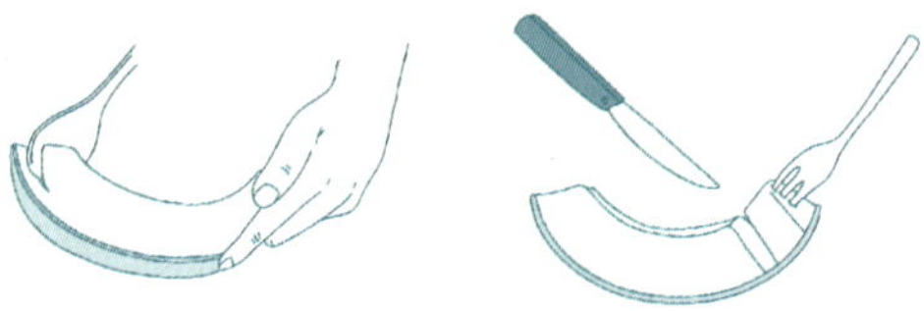

• 귤: 껍질을 벗겨 하나씩 떼어먹는다. 다 먹으면 껍질을 모아 귤 꼭지가 위로 오도록 접시에 올려놓는다.

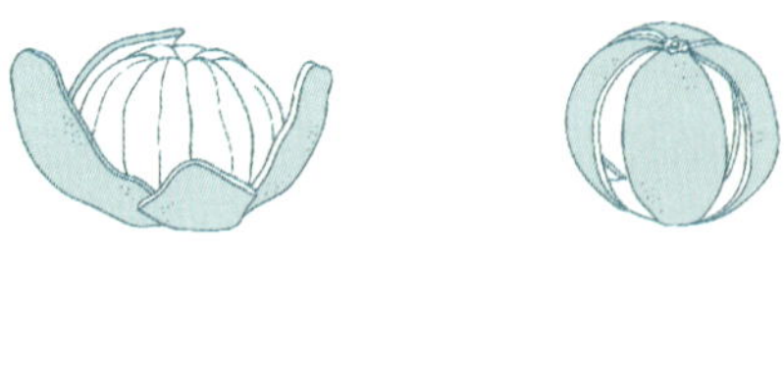

아이스크림과 셔벗의 차이

아이스크림에는 우유가 들어가 진한 맛이 있지만 셔벗에는 우유가 들어가지 않고 과일즙만 들어간다. 그래서인지 다이어트를 하는 사람들이 선호하는 편이다.

16세기 이탈리아 부호의 딸 카트린 드 메디치가 프랑스의 국왕 앙리 2세에게 시집갈 때 데리고 간 요리사들이 셔벗에 우유를 넣어 아이스크림을 만들었다고 한다. 하지만 아이스크림이 일반인에게 보급된 때는 그다지 오래 전이 아니라고 한다. 1904년 미국 세인트 루이스 만국 박람회 때 처음으로 일반인에게 소개되었다.

다저트로 무엇을 드시겠습니까?

What will you have for dessert?

크레프 쉬제트로 주세요.

Crêpes suzette, please

크레프 쉬제트(crêpes suzette)

영국 에드워드 황태자의 요리사가 크레프 소스를 만들던 중 과일로 만든 술인 리큐어를 실수로 엎지르는 바람에 소스에 불이 붙어 음식을 망치게 되었다. 시간에 쫓기던 이 요리사는 그 소스에 크레프를 넣어 그냥 황태자에게 서브했는데, 맛에 반한 황태자가 그날 파티에 참석한 쉬제트 부인의 환심을 사기 위해 쉬제트라고 이름을 붙였다고 한다. 고급 레스토랑에서 맛볼 수 있으며 모든 사람이 애호하는 진미의 디저트다.

제가 주문한게 아닌데요.

This is not what I ordered.

죄송합니다. 뭐를 시키셨습니까?

I'm sorry. What was your order?

저는 커피를 시켰어요. 아이스크림은 시키지 않았습니다.

I ordered coffee, not ice cream.

곧 바꿔드리겠습니다.

I'II change it right away.

먹는 방법이 까다로운 음식

옥수수: 손으로 먹어도 된다.

체리 토마토: 샐러드 등 다른 요리에 섞여 나올 때를 제외하고는 손으로 먹는다.

삶은 과일: 디저트로 많이 나오는 삶은 배, 자두 등은 스푼으로 먹는다. 씨는 입 속에서 살을 발라 먹은 후 스푼에 뱉어 접시 한쪽에 놓는다. 우리나라 사람들은 흔히 가시, 씨 등을 테이블 위에 빼 놓는데 특히 주의해야 한다. 서양식의 경우 반드시 접시 한 귀퉁이에 놓는다.

칵테일 속의 체리: 칵테일을 마시며 적당한 때 손으로 꺼내 먹는다.

삶은 계란: 에그 스탠드(egg stand)에 놓인 계란의 윗부분을 벗겨 내고 티스푼으로 먹는다.

베이컨: 아침 식사 때 나오는 비교적 부드러운 베이컨은 포크로 먹지만 바삭바삭한 것은 손으로 먹는다.

버터: 빵, 핫케이크 등에 버터를 바를 때는 나이프를 쓰지만 밥이나 감자와 섞을 때는 포크로 섞는다.

치즈: 생채 요리와 함께 먹을 때는 포크로 상추나 크래커와 같이 먹고 붉은 치즈는 나이프를 사용해 발라 먹는다.

커피

커피를 마실 때 받침접시를 들거나 잔 밑에 왼손을 받쳐 커피를 마시는 행동은 에티켓에 어긋난다. 커피 스푼은 잔 앞에 놓여 서빙이 되는데 커피를 저은 후 커피잔 뒤에다 놓는다. 커피나 홍차를 스푼으로 떠 마시거나 스푼을 잔에 넣은 채 마시는 것도 예의에 어긋난다.

식탁에서는 받침접시를 들어서는 안 되지만, 소파에 앉았을 때 티 테이블에서 멀리 떨어져 있으면 커피잔 받침을 왼손으로 잡고 오른손으로 커피잔을 잡아도 된다.

커피 드릴까요, 티를 드릴까요?

Which would you like, coffee or tea?

커피 주세요.

Coffee, please.

커피를 어떻게 타 드릴까요?

How would you like your coffee?

블랙으로 주세요.

Just plain, please.

Black, please.

크림과 설탕 모두 넣어 주세요.

Cream and sugar, please.

설탕만 타고 크림은 넣지 마세요.

Sugar and no cream, please.

식사 중의 흡연은 호스테스에 대한 결례이다. 얼마 전까지만 해도 담배는 디저트를 먹고 난 후 커피나 티를마시기 시작할 때 피워도 문제가 없었으나 최근 들어 금연이 대세인 만큼 식사 자리에서는 담배를 피지 않는 것이 바람직하다.

주의해야 할 테이블 매너

① 의자의 왼쪽으로 앉고 일어선다. 테이블과 가슴 사이는 주먹 하나 정도가 들어갈 정도의 간격을 둔다.

② 여성의 경우 핸드백은 별도의 행거나 보조 의자가 없으면 의자 뒤, 즉 의자 등받이와 자신의 등 사이에 놓는다.

③ 호스테스가 먼저 냅킨을 편 후에 다른 손님들이 냅킨을 편다.

④ 초대 손님 중 VIP가 있으면 그 사람이 먼저 냅킨을 펴고 그 다음 호스테스가 편다.

⑤ 입에 음식이 있을 때는 이야기하지 않는다. 입에 음식물이 있을 때에는 음료수를 마시지 않는다.

⑥ 수프는 '후루룩' 소리를 내지 않고 먹으며 다른 음식을 먹을 때에도 입소리는 내지 않도록 주의한다.

⑦ 빵은 접시 왼쪽에 놓인 것이, 물과 와인은 오른쪽에 놓인 것이 내 몫이다.

⑧ 한꺼번에 여러 종류의 음식을 먹지 않는다.

⑨ 식사 도중 잠시 자리를 떠야만 할 때에는 냅킨을 자신의 의자 위에 올려놓는다. 식탁 위에 올려놓으면 식사를 끝냈다고 보기 때문이다. 되도록 자리를 뜨지 않는 것이 예의이다.

⑩ 입가를 닦을 때는 냅킨을 사용해서 닦곤 하는데 여성들의 경우 립스틱이 묻지 않도록 조심한다.

⑪ 꼬치음식은 꼬치 끝을 쥐고 포크로 음식을 빼낸 다음 먹는다.

⑫ 스파게티는 왼손에 스푼, 오른손에 포크를 들고 스푼 위에 포크로 스파게티를 말아서 먹는다.

⑬ 스낵이나 간단한 식사로 먹는 샌드위치는 손으로 먹어도 괜찮다. 하지만, 토스트한 식빵에 상추, 베이컨, 치킨 등을 넣어 내용물이 많은 클럽(club) 샌드위치는 나이프와 포크를 사용해 잘라 먹는다. 샌드위치는 트럼프를 좋아했던 영국의 샌드위치 백작이 카드놀이를 하면서 먹을 수 있도록 고안해 냈다고 한다.

⑭ 과일을 먹고 난 후에는 핑거 보울에 손가락 끝을 적신 후 냅킨으로 닦는다.

⑮ 식사가 끝나면 냅킨을 곱게 접지 않고 사용했던 대로 자연스럽게 테이블 위에 올려둔다.

⑯ 식사가 끝났다고 식기를 한쪽으로 밀어 놓거나 포개 놓지 않는다. 식기를 움직이지 않는 것이 예의이다.

⑰ 잔에는 스푼을 꽂아 두지 않는다.

와인, 신이 인간에게 준 최고의 선물

플라톤은 와인이야말로 신이 인간에게 준 최고의 선물이라고 했다. 와인에 대해서는 성경에도 500여 군데에서 이야기하고, 박카스 신화를 미루어 보아도 기원전부터 성스럽게 여겨왔음을 알 수 있으며, 고대 인류에게는 물론 오늘날에도 많은 사람에게 즐거움을 안겨 주는 신의 축복이다.

또 오랜 세월 동안 와인은 성스러운 종교 의식, 흥겨운 축제, 나아가 일반 대중의 일상생활의 동반자로서 함께해 왔다. 오늘날 현대인에게 와인은 식욕을 돋우고 소화를 돕는 술로서 건강 음료일 뿐만 아니라 아름다운 색깔과 그윽한 맛과 향기를 지닌 격조 높은 술로 모두에게 사랑을 받고 있다.

여자들끼리만 식사하는 경우가 아니고는 와인은 남자가 서빙

하는 것이 원칙이다. 우리나라에서는 식탁에서 거의 모든 '잡무'를 여자가 담당하지만 서구에서는 술과 빵은 남자가 담당한다. 우리의 일상생활에 깊게 파고드는 와인에 대한 기본 상식을 알아 두면 외국인들과의 만남이 더욱 즐거울 수 있을 것 같다.

식사 코스를 중심으로 분류한 와인

① 식전주(apéritif)

식사 전 식욕을 돋구기 위해 마시는 술.

포르토, 화이트 와인과 카시스즙을 섞은 달지 않은 샴페인, 칵테일.

② 화이트 와인(white wine)

생선과 함께 마시는 술. 차게 해서 마신다.

보르도, 샤블리, 모젤 등.

③ 레드 와인(red wine)

고기와 함께 마시는 술. 상온에서 보관했다 마신다.

보졸레, 보르도, 부르고뉴 등.

④ 스파클링 와인(sparkling wine)

샴페인이 대표적이며 주로 축하연이나 행사 때 마신다.

⑤ 샴페인을 터뜨리는 소리가 너무 큰 것보다는 작은 소리가 좋다.

⑥ 샴페인 병을 45도 경사지게 한 후 자신의 몸 가운데에 오게 한 상태에서 터뜨리는데, 옆 사람들에게 튀지 않게 하기 위해서이다.

⑦ 샴페인은 건배용이므로 술을 안 마시는 사람도 받아 한모금 마시는 시늉을 하는 것이 예의이다.

⑧ 건배(toast)시에는 술잔을 너무 높이 올리지 않고 눈 높이까지 올린다.

와인 서빙의 순서

① Dry before Sweet

달콤한 와인보다는 드라이 와인을 먼저

② White before Red

묵직한 레드 와인보다는 가벼운 화이트 와인을 먼저

③ Young before Old

오래 된 와인보다는 얼마 안 된 와인을 먼저

칵테일

와인은 아니지만 식전주로 많이 사용되는 칵테일은 여러 가지 술을 섞은 혼합주로 미국에서 유래됐다. 어원에 대해 여러 가지 이야기가 있는데 그럴듯한 것 중 하나를 소개하면 다음과 같다.

미국독립전쟁 당시 버지니아 기병대에서 일하던 어떤 군인의 미망인이 주방에서 일하면서 여러 가지 술을 섞어 아름다운 빛깔과 맛으로 군인들에게 많은 인기를 얻었다고 한다. 하루는 닭의 꼬리깃털(cock's tail)로 혼합주를 장식했는데 술 취한 한 군인이 "cock's tail이 좋다" 라고 말한 것이 오늘날에 이르러 모든 혼합주를 칵테일로 부르게 되었다고 한다.

칵테일은 식욕을 돋우기 위해 마시므로 대부분 차게 마신다.

술잔을 잡을 때 손으로 감싸듯이 잡으면 체온으로 술의 온도가 높아진다. 따라서 술잔을 감싸잡지 않도록 주의한다. 올리브, 체리, 레몬, 파인애플 등이 잔 가장자리 장식용으로 나오면 먹어도 좋다. 꽂이를 집어서 먹어도 좋고 레몬은 손으로 집어먹는다.

많이 마시는 칵테일

① 진토닉: 진+토닉

② 피나콜라다: 코코넛 향의 새콤한 아이보리색 칵테일

③ 핑크레이디: 진+브랜디+그레나딘 시럽

④ 맨하탄: 위스키+베르무트

식후주

식후주는 소화 촉진주라는 뜻으로 digestif 또는 after dinner drink라 부른다. 크게 두 종류로 나눌 수 있다.

① 코냑(cognac)과 브랜디(brandy)

와인을 증류한 술로 코냑(cognac)과 알마냑(armagnac)이 대표적이다.

브랜디의 어원을 살펴보면 네덜란드 말로 brande wijin이다. brande는 '태우다'라는 뜻이고 wijin은 와인이란 뜻이므로 결국 와인을 증류한 술이다. 알코올 성분이 30~42도 정도인 강한 술로 와인 외의 과일주를 증류했을 때는 과일 이름을 붙여 애플 브랜디, 체리 브랜디라고 부른다.

숙성 기간에 따른 코냑의 등급 - 회사에 따라 다소 차이가 있다	
X.O. extra old	45년
Napoléon	30년
V.S.O.P. very superior old pale	25년
V.S.O. very superior old	15~20년
V.S. very old	2~15년
★★★	5년
★	3년

② 리큐어(liquor)

설탕을 첨가해 달게 만든 향기 좋은 술이다. 베네딕틴(Benedictine), 샤르트뢰즈(Chartreuse), 쿠앵트로(Cointreau) 등이 있다.

와인 마시는 법

음악의 3요소에 멜로디, 리듬, 하모니가 있듯이 와인 시음에는 색깔, 향, 맛의 3요소가 있다.

와인을 마실 때는

첫째, 색깔을 본다.

둘째, 향기를 맡아본다.

셋째, 맛을 본다.

와인 등급

와인을 생산하는 나라에 따라 등급 분류 방식이 다르지만 기본적인 분류 방식을 알아두면 와인을 고르는 데 많은 도움이 된다.

좀 더 자세히 설명하자면, 프랑스 레드 와인의 경우 원산지 표시없이 여러 지역의 와인을 섞었을 경우 '뱅 드 따블르(Vin de Table)'로 표시하고 평상시 테이블 와인으로 마신다. 원산지를 표시한 와인은 '뱅 드 빼이(Vin de Pays)'라 쓰고 지역을 표시한다. 생산을 통제하고 일정한 기준을 준수해야 라벨을 허용하는 원산지 명칭 와인은 '우수 품질 제한된 와인(Les VDQS Vins Délimités de Qualité Supérieure)' 이라고 표시한다. 지역별 맛과 전통을 존중하면서 와인의 품질을 보증하는 와인에는 '아펠라시옹 도리진 콩트롤레(Les AOC, Vins d'Appellation d'Origine Contrôlée)' 이라고 표시한다.

이탈리아, 스페인, 미국, 호주 등도 독자적인 등급 제도를 실시하고 있다. 같은 등급이라도 생산지, 포도 품종, 생산한 해에 따라 차이가 있다. 예를 들어 프랑스 와인 중 보르도 메독 塵은 카베르네 쇼니뇽 품종으로 제조된 1989년 산이 특히 좋고, 독일 와인 중에는 라인 강 산 리슬링 품종 1989년 산이 좋다고 한다.

등급	프랑스 와인	독일 와인
고급	Appellation contrôlée	Q.M.P.
중급	vin de pays	Q.b.A.
일반	vin de table	Tafelwein

와인을 선택할 때 참고할 사항

① 산지

보르도: 와인의 대명사는 보르도(Bordeaux)이다. 보르도는 프랑스 남서부 지방으로 레드 와인이 유명하다. 보르도 지방은 한때 영국이 차지했으나 프랑스인들이 이 지방을 되찾기 위한 투쟁을 벌여 백년전쟁(1338~1453)으로 이어졌으며 결국 잔다르크의 활약으로 되찾게 되었다.

② 수확 연도

③ 브랜드

④ 어떤 요리와 마시는가?

육류가 주종을 이루는 양식 요리를 먹을 때는 특히 와인이 잘 어울리는데 이는 와인이 육류의 지방을 없애 주고 미각을 되찾아 주는 역할을 하기 때문이다.

- 전채, 카나페: 식욕을 돋우는 드라이한 화이트 와인
- 생선, 닭 요리: 드라이 한 화이트 와인
- 쇠고기, 돼지고기: 레드 와인 중 특히 보르도 산
- 멧돼지, 사슴, 산양, 꿩고기: 레드 와인 중 특히 부르고뉴 산 와인은 요리와 함께 마시기 시작해서 요리가 끝날 때 끝낸다.

디저트가 나오기 시작하면 마시지 않는다.

와인 서빙

와인은 병에 담은 후에도 숙성이 진행되기 때문에 저장할 때에도 언제나 코르크 마개가 젖어 있도록 보관해야 한다. 세워 보관하면 코르크 마개가 말라 알코올 성분과 방향 성분이 날라가게 될 뿐 아니라 공기가 들어가 산화 작용을 일으켜 와인이 변질된다.

그러므로 테이블에 와인을 놓을 때 상표가 위로 보이게 받침대에 놓아야 한다.

보관 온도

① 레드 와인: 실온 17~20도

숙성이 좀 덜 된 와인은 실온보다는 좀 차게 마신다.

② 화이트 와인: 차게 마신다. 10~12도가 적당하다.

차게 마시기 위해서 와인에 얼음을 넣어서는 안 된다.

와인 잔

잔은 보통 튤립형의 잔을 사용한다. 그 이유는 와인의 향을 좀더 오래 간직하기 위해서이다. 와인 잔은 대부분 투명하지만 화이트 와인의 잔은 가끔 색이 있는 글라스를 사용하기도 한다. 이는 화이트 와인의 색조를 위한 것이다.

겨울철에 즐겨 먹는 굴, 조개 같은 해물 요리 전문 레스토랑들도 종종 화이트 와인의 잔으로 황록색의 글라스를 사용하는 것을 볼 수 있다.

와인은 마시기 1시간 전에 마개를 빼두어 공기 중의 산소와 섞이게 하면 맛이 더욱 좋아진다. 와인과 공기가 만나게 하는 것을 흔히 결혼(marry)시킨다 하고 전문가들은 숨쉬기(breathing)라고 한다.

빈티지 차트

빈티지 차트란 주로 프랑스 와인을 수확 연도에 따라 산지별로 등급을 표시해 놓은 표이다. 이 등급은 포도를 수확한 해의 일조량, 강우량, 온도, 습도, 바람에 따라 결정되는 것이지 연도가 오래됐다고 무조건 좋은 것은 아니다.

참고로 포도는 나무에 꽃이 피고 포도가 익을 때까지 100일간의 날씨가 관건이다. 날씨가 흐린 날이 많거나 비가 많이 오면 포도의 당도가 적정 수준에 미치지 않아 맛이 시고 좋지 않다.

보졸레 누보

매년 11월 셋째 주 목요일 0시는 프랑스 국민에게 각별한 날이다. 바로 보졸레 누보(Beaujolais Nouveau)의 첫 뚜껑이 만인의 설레임과 기대 속에 열리는 날이기 때문이다. 보졸레 누보는 리용 근처 보졸레 지방에서 가메(Gamay)라 불리는 그 해 수확된 포도로 만든 레드 와인이다. 숙성 기간은 4~6주로 비교적 짧아 숙성 정도는 60~70%이다. 엄밀히 말해 덜익은 와인인 셈이라 깊은 맛은 없지만 그 해에만 맛볼 수 있기 때문에 희귀성이 있고 더불어 깔끔하고 신선한 맛과 향이 특징이다. 우리나라에서는 2000년 11월 16일 오전 8시를 기해 판매에 들어갔다. 병당 가격은 이만 원 정도이며 시간이 지날수록 맛과 향이 떨어져 그 해에 사서 그 해 안에 마시는 게 좋다. 레드 와인이면서도 떫은 맛이 덜해 화이트 와인처럼 12도 정도에서 마셔야 제 맛이 난다. 일반인들이 와인을 고를 때에는 생산 연도에 따라 별표나 점수로 좋고 나쁨을 표시한 빈티지(vintage)차트를 참고하면 좋다. 이 차트는 와인숍에서 쉽게 구할 수 있다. 한국을 기준으로 해서 보면 2000년대 후반부터는 보졸레 누보의 열기가 빠르게 식어갔다. 그 원인으론 여러 가지가 있으나 과대 포장된 이미지가 벗겨진 것이 주된 요인이다. 신대륙와인이 들어오면서 비슷한 테이블 와인을 반값이나 그 이하로 구입할 수 있게 되다 보니 보졸레 누보의 인기가 시들해진 것이다.

훌륭한 와인은 열정을 불러일으킨다.

무엇을 하든 열정을 갖고 하면 대개는 성공한다.

Excellent wine generates enthusiasm.

And whatever you do with enthusiasm is

generally successful.

와인을 마시다 보면 진실을 말하게 된다.

In wine there is truth.

시원한 맛, 맥주

여름이 오면 시원한 맥주 한 잔이 생각난다. 맥주의 기원은 기원전 4000년경으로 거슬러 올라가는데, 메소포타미아 지역의 수메르인이 처음 마시기 시작했다고 한다.

우리나라에서는 식사 전에 맥주를 마시는 사람들이 많은데 외국에서는 맥주는 주로 힘든 일이나 스포츠를 한 후 마시며 정식 만찬 석상에서는 마시지 않는다.

솔직히 맥주는 배를 부르게 하는 술이므로 식전주로는 적합하지 않다. 맥주를 좋아하는 사람은 식전주가 아니라 식사 중간 중간에 조금씩 물처럼 마시는 것이 바람직하다.

맥주는 보통 텀블러(tumbler)라는 잔으로 마시지만 스타인(stein)이라는 도자기로 된 큰 잔을 사용하기도 하고, 필즈너(Pilsner)라는 역삼각형 모양의 잔도 사용된다.

맥주잔의 종류

텀블러 스타인 필즈너

맥주를 따를 때는 거품이 2~3cm정도 올라오게 따르면 좋다.

마실 때에도 거품이 없어지기 전에 마셔야 맛이 좋다. 맥주는 섭씨 6~9도 정도로 차가울 때 제일 맛이 있으므로 따르고 너무 오랜 시간이 지난 후에 마시지 않도록 한다.

'라거' 타입은 체코와 독일을 중심으로 시작되어 미국으로 전파된 맥주이고, 세계 맥주 시장 점유율 1위인 미국의 '버드와이저'도 체코에서 처음 선보였다. 이 때문에 체코의 민주화 이후 '버드와이저' 상표권을 놓고 미국과 체코 간의 분쟁까지 있었다. '하이네켄'은 네덜란드 맥주로 세계인이 즐겨 마시고 있다.

밀의 특성을 가장 잘 살렸다는 벨기에의 '람빅' 타입, 강하고 쓴 맛이 자랑인 영국의 '에일' 타입, 아일랜드의 흑맥주 등 맥주의 종류는 이루 헤아릴 수 없을 정도이다. 특히 벨기에에서 사과, 딸기, 복숭아즙을 맥주와 혼합해 만든 과일 맥주는 그 다양한 색깔과 독특한 향으로 많은 사람의 사랑을 받고 있다.

유명한 맥주집으로는 셰익스피어와 찰스 디킨스가 애용했다는 영국 런던의 조지인과 황태자의 첫사랑으로 유명한 독일 하이델베르크의 맥주집을 들 수 있다.

한국인의 술 문화, 외국인의 술 문화

빨리 빨리!

외국인이 우리나라에 오면 제일 먼저 배우는 표현이 '빨리 빨리'라고 한다. 물론 오늘 할 일을 내일로 미뤄서는 안 될 것이다. 하지만 식사도 5~10분 만에 해치우는 우리의 습관 역시 빨리 포만감을 느끼려 하기 때문에 생겨난 것이 아닌가 싶다. 프랑스에서는 보통 식사를 2시간 정도 한다. 식사를 하면서 대화를 나누는 과정을 즐기며 손님을 집으로 초대해 함께 식사하는 즐거움을 최대의 즐거움으로 여긴다.

우리는 술도 '원샷'하며 단숨에 마신다. 역시 빨리 취하고자 하는 데서 비롯된 습관이다. 참고로 원샷이라는 영어 표현은 잘못된 것이다. 굳이 한 번에 다 마시자고 영어로 하려면 바텀 업(Bottoms up)이라는 구어 표현이 있는데 그들은 술을 마실 때 한 번에 잔을 비우지 않기 때문에 이 표현은 잘 쓰이지 않는다. 흥이 한껏 오르면 한국 사람들은 자신이 마시던 잔으로 상대방에게 술을 권하는 것을 호의의 표현이라고 생각하지만 서양인들은 어려서부터 남의 잔을 사용해서는 안 되며 남이 입을 댔던 잔으로 마시면 심지어 비위생적이라고 생각한다.

밤에 술 취한 사람들이 비틀거리며 귀가하는 모습에 익숙한 우리이지만 서양에서는 술 취해 비틀거리는 것을 창피하게 여기며

걸인처럼 사회에서 소외 받는 계층에서나 가끔 볼 수 있는 행동이다. 십 년을 프랑스에서 살았지만 지하철역에서 노숙하는 거지들 외에 술에 취해 비틀거리는 사람을 본 적이 없다. 한국에 사는 외국인 친구들의 눈에 이상하게 보이는 것 중의 하나가 사회적으로 멀쩡한(?) 사람이 가끔씩 만취해 비틀거리는 모습을 보일 때라니 우리 모두 반성해야 할 것이다.

또 술을 마신 후 2차로 노래방에 가는 것이 우리나라와 일본에서는 흔히 있는 일이지만 서양 사람들은 노래를 듣는 것을 즐기지 직접 노래를 부르는 것은 별로 좋아하지 않는다. 우리나라 사람들은 다같이 술을 마시다가도 한 사람이 일어나면 우르르 따라 일어나지만 외국 사람들은 모임에 하나둘씩 왔다가 하나둘씩 자리를 떠난다. 그러므로 모임에 같이 참석한 외국인들이 자기들이 원하는 때에 일어날 수 있도록 배려해 줘야 한다. 3차로 나이트 클럽에 가면 별 생각 없이 동성끼리 춤을 추기도 하는데 서양 사람들은 이런 모습을 보면 매우 당황한다. 서양에서는 동성끼리 춤을 추는 것이 동성 연애자로 보일 수 있기 때문이다.

손님 초대, 어떻게 준비할까

테이블 세팅

식사를 할 때 음식의 맛도 중요하지만 시각적인 효과도 무시할 수 없다.

① 테이블은 식당의 중앙에 놓고, 꽃장식은 식탁 가운데에 놓는다. 만찬에는 촛대에 초를 꽂거나 작은 캔들 장식으로 분위기를 살리기도 한다. 꽃장식이 너무 높아서 마주 앉은 사람이 잘 보이지 않거나 향기가 진해 음식 맛을 해쳐서는 안 된다.

② 공식 만찬의 경우 식탁보는 하얀색이 가장 좋다. 식기를 놓을 때 소리가 나지 않도록 식탁보 밑에 두꺼운 깔개를 깔면 좋다. 식탁보는 30~40cm 늘어뜨린다.

③ 냅킨은 가로세로 50cm 크기가 좋으며 잘 접어서 접시 위에 놓는다.

④ 금색 둘레 장식이 있는 식기를 공식용으로 간주하나, 개인의 취향에 따라 선택해도 무방하다. 실버웨어는 꼭 순은제가 아니어도 괜찮고 순은으로 된 실버웨어는 잘 닦아 광채가 나도록 한다.

⑤ 글라스는 오른쪽 나이프 위쪽에 물잔부터 시작해 오른쪽으로 와인 잔을 놓고 샴페인 잔을 놓는다.

⑥ 공식 오찬이나 만찬의 경우 초대 받은 손님이 6명 이상이면 접시 위쪽에 손으로 직접 쓴 네임 카드를 놓는다.

식기의 종류

실버웨어 silverware	나이프, 포크, 스푼
글라스류 glassware	술의 종류에 따라 준비되는 잔
차이나웨어 chinaware	접시

나이프와 포크

나이프와 포크는 16세기에 생겨났다. 처음에는 나이프만 가지고 손으로 먹은 다음에 손을 씻었는데 이탈리아 부호인 메디치 가의 딸 카트린 드 메디치가 프랑스의 국왕 앙리 2세에게 시집갈 때 혼수로 가지고 난 후부터 프랑스 왕실에서 포크를 사용했다고 한다. 그 당시에는 이지창이었으나 시간이 흐름에 따라 삼지창, 사지창으로 모양이 변했다.

1. 접시 2. 테이블보 3. 컵받침 4. 냅킨
5. 스푼 6. 식탁용 나이프 포크 7. 버터 나이프
8. 커피잔 9. 포크 10. 물잔 11. 레드와인 잔 12. 화이트와인 잔

영국도 프랑스처럼 17세기 경부터 포크를 사용하기 시작했고, 미국은 16세기 영국에서 들여왔다.

동양에서는 문인이 양반이었지만 서양에서는 무인이 귀족이었다. 무인들은 옆구리에 늘 칼을 차고 있었으므로 식사를 할 때에도 손쉽게 꺼내 사용했다고 한다.

① 나이프와 포크는 중앙의 접시를 중심으로 오른쪽에 나이프, 왼쪽에 포크를 놓는다.

② 식탁에 처음 놓는 나이프와 포크의 수는 각각 3개를 넘지 않도록 하며 더 필요한 때에는 그때 그때 보충하도록 한다.

③ 메뉴의 순서에 따라 밖에서 안쪽으로 하나씩 사용해 간다.

④ 나이프는 칼이므로 흉기로 변할 수도 있다. 그러므로 테이블에서 사용하는 나이프는 무딘 칼날을 사용한다.

⑤ 식사 중에 얘기할 때 포크와 나이프를 휘두르는 일이 없도록 조심해야 한다.

⑥ 팔을 테이블 위에 놓아서도 안 되고 팔꿈치를 테이블에 괴는 것도 예의가 아니다. 두 손을 테이블에 살짝 올려 두는 게 예의인데 이는 적과 함께 식사를 할 때 서로 감시하는 의미에서 공격할 의사가 없음을 밝히기 위해 손을 식탁 위에 올려 놓았다는 데서 유래한다고 한다.

⑦ 식사 중 나이프가 필요하지 않을 때는 나이프를 접시 오른쪽에 그냥 놓은 채 두고 포크를 오른손에 쥐고 먹으면 된다. 나이프, 포크를 잘못 사용했을 경우에는 바꿔 쥐지 말고 그대로 사용하면 되고 다음 요리가 나올 때 웨이터가 자연스럽게 바꿔 준다.

식사 중　　식사 도중 잠시 멈출 때　　식사가 끝났을 때

⑧ 나이프와 포크를 놓을 때는 나이프 날을 자기 쪽으로 향하게 한다. 요리를 다 먹으면 포크와 나이프를 접시 오른쪽에 나란히 놓으면 웨이터가 가져가기 쉽다.

⑨ 실수로 나이프와 포크를 떨어뜨렸을 때에는 웨이터를 부르면 새것으로 바꿔 준다. 자기가 주우려고 하면 모양새가 좋아 보이지 않는다. 남녀가 같이 식사하는 경우 여자가 떨어뜨렸더라도 남자가 대신 웨이터를 부른다.

글라스류

식전주

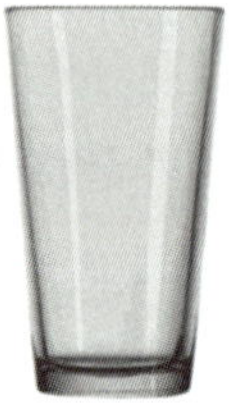

롱 드링크(long drink)

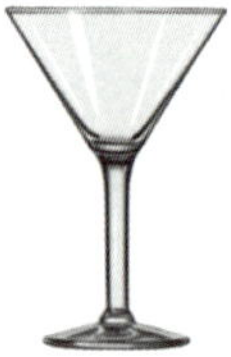

쇼트 드링크(short drink)

- 스트레이트 straight up(얼음을 넣지 않은 것)
- 온 더 록 on the rocks(얼음을 넣은 것)

식사 중 마시는 음료

물

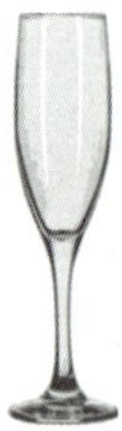

샴페인

화이트와인

레드와인

식후주

브랜디, 코냑 잔
체온으로 데워서 즉 손안에 감싸
데워서 마시므로 밑이 넓다

서브의 원칙

서브 순서

테이블에서 음식을 서브하는 순서는 우선 여자 손님으로 시작해서 호스테스, 남자 손님, 호스트 순이다.

소연회에서는 맨 먼저 호스트의 오른쪽 옆에 앉은 주빈의 부인을 서브하고 그 다음 왼쪽 여자 손님을 서브한다.

여자 손님을 모두 서브한 후 남자 손님을 서브한다.

대연회에서는 주빈의 부인과 주빈에 대한 서브가 끝나면 웨이터는 각자 분담한 손님들을 서브한다.

서브 방향

① 음식은 손님의 왼쪽에서, 물이나 와인 등 음료는 오른쪽에서 서브한다.

② 웨이터가 큰 접시를 들고 손님의 왼쪽에 오면 놓여 있는 대형 포크와 스푼으로 먹고 싶은 만큼 떠서 자기 접시에 놓는다.

③ 가정집에 초대받았을 경우 호스테스가 큰 접시를 오른쪽으로 돌리면 각자 자기 접시에 떠서 놓고 오른쪽으로 돌린다.

④ 큰 접시가 무거워 여자 손님이 힘들어할 때에는 옆자리 남자가 대신 들어준다.

서브횟수

대연회에서는 요리 서빙이 보통 한 번에 그치고 주는 대로 받지만 가정에서는 호스테스의 정성을 생각해서 한 번 더 서빙하는 것이 예의이다.

좀더 드세요.

Please. have some more.

조금 더 먹겠습니다.

I'll have some more.

많이 먹었습니다. 감사합니다.

I've had enough. Thank you.

와인 따르기

웨이터가 오른쪽에서 와인을 따르려 할 때 마시지 않을 경우에는 "No, thank you."하면 된다. 아니면 손으로 가볍게 와인이 필요 없다는 신호를 보내도 된다. 마시지 않는다고 잔을 엎어 놓으면 큰 결례이다.

우리는 와인을 서브하면 잔을 들어올리는 습관이 있는데 서양에서는 와인이나 물을 따를 때 잔을 식탁에 그대로 두고 받는다.

우리는 또 음료수를 잔에 넘치도록 가득 붓는데 서양에서는 물은 잔의 70%, 와인은 50%~60% 정도 따른다. 레드 와인은 잔을 다 비우지 않았을 때에 따르지만, 화이트와인은 차게 마시므로 남아있을 때 따르면 온도가 달라져 제 맛이 나지 않으므로 다 마신 다음 따라야 술 맛이 더 좋다.

건배

공식 오찬이나 만찬에서는 대개 건배를 한다. 건배에 앞서 샴페인을 참석자에게 돌리는데 이때 샴페인은 받자마자 마시는 것보다, 좀 기다렸다가 건배를 들고 마시는 것이 좋다.

건배 제안은 우리나라에서는 식사 시작하기 전에 하지만 대부분의 유럽 국가에서는 주 요리가 끝나고 디저트가 나오기 전 오찬사나 만찬사를 하고 건배를 제안한다.

* 불어 외교 표현에 '배와 치즈 사이'에(Entre la Poire et le Fromage)라는 표현이 있는데, 예전에는 배 즉, 단 음식인 디저트를 먼저 먹고 그 다음 치즈를 먹었다 한다. 그때가 가장 기분 좋을 때라 하여 중요한 말을 이 순간에 하면 효과가 극대화된다는 뜻이다. 그래서 만찬사와 토스트, 건배도 식사를 마치고 디저트가 나오기 전에 한다고 한다.

Ladies and gentlemen, I propose a toast to Mr. Ford.

내외 귀빈 여러분, 포드 씨를 위해 건배를 듭시다.

건배를 제의 받은 사람들은 모두 자리에서 일어나서 잔을 얼굴 높이까지 들고 "To Mr. Ford" 하면서, 또는 그냥 샴페인을 마신다. 샴페인을 안 마시는 사람도 마시는 시늉을 해야 한다. 이때 프랑스식은 여성들은 그냥 자리에 앉은 채 잔만을 주빈을 향해 든다. 주빈은 호스트의 건배가 끝난 다음 자리에서 일어나 주최 호스트를 위해 답사를 하고 건배를 제의한다. 이때 호스트와 호스테스는 일어나지 않는다.

백악관에서는 국빈 만찬 준비를 이렇게 한다

의전의 극치인 백악관의 국빈 만찬 준비는 대개 아침 7시부터 만찬장 장식으로 시작된다. 오후 1시경부터는 테이블, 꽃장식, 조명 등 모든 점검이 시작된다.

오후 3시부터는 식기를 놓기 시작하고 총 20개 원탁 테이블에 참가자 수 190명 정도로 접시, 포크, 나이프, 글라스 등 식기가 준비된다.

음식 준비는 오후 4시 반부터 시작하며 지하 주방에서 엘리베이터로 이동한다. 주빈 도착 30분 전인 오후 6시 45분경 초대받은 사람들이 모두 도착한다. 국빈 만찬의 주빈인 방문국 대통령이나 총리는 7시 15분에 도착하며, 대통령은 7시 13분 주빈을 맞으러 현관 쪽으로 이동한다. 오후 8시 15분 대통령이 주빈을 백악관 현관에서 배웅하는 것으로 국빈 만찬 공식 행사를 끝낸다.

프랑스에서는 미국보다 일상생활에서도 저녁 식사 시간이 늦어지므로 조금 늦게 시작하여 조금 늦게 끝난다. 초대받은 손님들의 좌석 배치로 각국의 의전 부서는 골머리를 앓는다. 모든 일이 순조롭게 진행되면 당연한 것이고, 하나라도 조그마한 실수가 있으면 의전 전체가 잘못된 것처럼 인식되기 때문이다. 지위가 확연히 높은 사람들은 문제가 안 되지만 비슷비슷한 경우 과연 누구에게 좀 더 좋은 자리를 배정하느냐가 문제가 되기 때문이다.

제3장

글로벌 에티켓, 품격의 시작이다

호텔생활 ABC

호텔을 이용할 때

프랑스에 가면 큰 건물에 'hôtel'이라고 표기되어 있는 것을 많이 볼 수 있다. 이는 모두 호텔을 의미하는 게 아니다. hôtel은 큰 저택, 맨션이란 뜻으로도 부른다. 친구가 파리에 갔다 온 후 파리에는 왜 그렇게 호텔이 많으냐며 놀라워해 웃었던 기억이 난다. 물론 우리가 아는 투숙용 호텔도 hotel이라고 부른다.

hotel(호텔)의 어원은 hospital(병원)이며 중세로 거슬러 올라간다. 당시 수도원을 중심으로 병의 치료는 물론 숙식도 겸해 제공하는 숙박 시설이 발달했다. 이러한 이유로 호텔 산업을 hospitality라고 부른다.

호텔의 종류

청소년을 위한 숙박 시설 유스 호스텔(youth hostel)

일반 호텔 (hotel)

취사 가능한 레지던스 호텔 (residence hotel)

차를 가지고 투숙할 수 있는 숙박 시설 모텔 (motel)

저렴한 장급 여관 인 (inn)

예약

외국 여행을 할 때 호텔 예약은 대부분의 경우 떠나기 전 이메일이나 전화로 하며,미처 못하고 왔을 경우 공항에 도착한 후 호텔 예약 서비스 카운터에 가서 할 수도 있으며, 아니면 호텔에 도착하여 할 수도 있다.

7월 7일부터 10일까지 예약을 하고 싶습니다.

I would like to make a reservation from July 7 to 10.

빈 방이 있습니까?

Do you have any vacancies?

Do you have a room available?

몇 분이십니까?

How many in your party?

두명입니다.

Two.

더블 룸으로 드리겠습니다.

We can give you a double room.

성함이 어떻게 되십니까?

May I have your name?

네, 제 이름은 김철수입니다.

Yes, my name is Chul-Soo Kim.

인터컨티넨탈 호텔입니다.

Intercontinental Hotel.

싱글 베드로 한 명 예약하고자 합니다.

I'd like to reserve a room with a single bed.

죄송합니다만 지금 꽉 차서 빈 룸이 없습니다.

I'm sorry but we are fully booked.

그러면 근처 다른 호텔 좀 추천해 주실 수 있습니까?

Then can you recommend another hotel nearby?

힐튼 호텔은 어떠세요?

May I suggest the Hilton Hotel?

네 좋습니다.

All right.

얼마입니까?

What is your rate?

170달러입니다.

One hundred seventy dollars a night, sir.

좋습니다. 그 룸으로 하겠습니다.

That's fine. I'll take it.

며칠 묵으실 예정이십니까?

How long do you plan to stay here?

3일 묵을 예정입니다.

Three days.

이 숙박 카드를 쓰시겠습니까?

Would you fill out this registration card?

체크 아웃을 오후 3시에 해도 됩니까?

Would it be possible for me to check out at 15:00?

괜찮습니다.

Certainly.

호텔 객실 예약은 단지 그 기간에 객실을 확보했다는 의미이며, 객실의 위치와 호수는 체크인(Check in)때 결정이 된다. 호텔 프론트에서 손님이 원하는 위치의 객실을 배정한다.

어떤 객실인지 알려 주시겠습니까?

Will you please tell me what the room is like?

10층에 있는 룸입니다.

It is on the tenth floor.

뒤쪽에 있는 조용한 룸을 원합니다.

We would like a quiet room in the back.

방문자를 만날때

마중 나온 사람이 있을 경우 호텔에 도착하면 여장을 풀고 샤워를 하는 등 잠시 쉬었다가 나와서 만난다.

라운지에서 기다리겠습니다.

I'll bee in the lounge.

(전화)로비에 와 있습니다.

I'm calling from the lobby

* 미국 사람에게 호텔 프론트(Front)에서 만나자고 하면 호텔 밖에 나가 호텔 앞에서 기다린다. 그러므로 호텔 입구 홀 안 체크인하는 데서 만나려면 "Meet at reception desk."라고 해야 약속한 바이어를 제대로 만날 수 있다.

호텔에는 내부 전화(house phone)와 일반 공중 전화(city phone)가 있다.

귀중품의 보관

여행 중에는 현금, 귀금속을 방에 두고 다닐 수 없으므로 호텔 금고(safety deposit box)에 맡기거나 객실 내에 비치된 개인 금고에 넣어 두면 안전하다.

체크인

체크인 때 받는 호텔 카드에는 호텔 이름, 전화 번호, 약도 등이 표시되어 있으므로 외출 시에 카드를 소지하고 다니면 택시를 타거나, 산책을 하다가 길을 잃었을 때도 편리하다.

팁

우리나라 특급호텔들은 대부분 팁을 사양(no tipping)하므로 편리하나, 외국에서는 벨보이가 짐을 객실로 가져오면 1~3달러 정도 팁을 주는 것이 예의이다.

룸 안에서

호텔 룸 안에 있을 때는 언제나 안전 체인(safety chain)을 걸어 두고, 혹시 노크하는 사람이 있으면 누구인지를 확인하고 문을 열어주어야 한다.

Who is it?

누구십니까?

다음날 아침 일찍 일어나야 할 시간을 정해 웨이크업 콜(wake up call)을 부탁해 놓고 자면 아침에 늦잠 잘 염려가 없다.

* 우리가 흔히 모닝콜이라고 하는 것은 틀린 표현이다. 웨이크업 콜이라고 해야 깨워 준다. 깨우느라 전화 벨이 울리는 데 귀찮다고 전화를 받지 않고 내버려두면 호텔 종업원이 혹시 무슨 사고라도 나서 받지 못하는 것으로 알고 방으로 찾아 오기도 한다.

아침 6시 반에 깨워 주세요.

I'd like a wake up call at 6:30.

Would you give me call at 6:30?

아침 식사를 객실에서 주문해 먹는 룸서비스를 받았을 경우 계산액의 10~15%정도를 팁으로 주는 것이 예의이다.

목욕을 할 때 욕조의 찬물과 더운물 표시가 나라에 따라 다르므로 조심해야 한다.

미국, 영국	찬 물 C(cold)/ 더운 물 H(hot)
프랑스와 기타 불어권 이탈리아, 스페인	찬 물 F(froid)/ 더운 물 C(chaud)

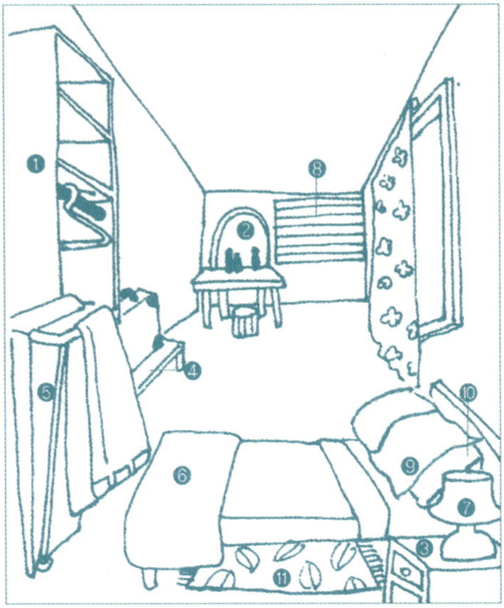

객실

1. 옷장: closet(미국), wardrobe(영국)

2. 화장대: dressing table

3. 탁자: bedside table

4. 트렁크 놓는 스탠드: suitcase stand

5. 바지 주름 잡는 프레스: pants-press(미국), trouser-press(영국)

6. 침대보: bedspread

7. 침대용 스탠드: bedside lamp

8. 블라인드: blind

9. 베개: pillow

10. 긴베개: bolster

11. 러그: rug

화장실

1. 샤워 커튼: shower curtain

2. 변기: toilet

3. 쓰레기통: waste basket(미국), pedal bin(영국)

4. 세면대: wash basin

5. 수건걸이: towel rack

6. 수도꼭지: faucet(미국), tap(영국)

7. 드라이어: hair dryer

8. 목욕타올: bath towel

9. 손타올: hand towel

10. 휴지: toilet paper

11. 매트: bath mat

12. 비데: bidet

여행 중 세탁물이 많을 경우 론드리(laundry) 서비스를 받으면 편리하다. 세탁부터 다림질(pressing)까지 해준다. 객실 옷장 안에 세탁물을 의뢰하는 종이와 천으로 된 론드리 백이 비치되어 있다.

한국, 일본 등 호텔 욕실에는 비데가 변기와 같이 설치되어 있지만, 유럽 호텔의 욕실에는 욕조나 변기옆에 비데(bidet)가 별도로 설치되어 있다.

일부 유럽 호텔에서는 조깅복 차림으로 '활보'하기를 좋아하는 미국 사람들을 위해 '운동복 차림일 경우 뒷문을 이용하라'는 표시를 눈에 잘 띄는 곳에 해두기도 한다.

호텔서비스

Please Do Not Disturb

이 문구가 적힌 팻말을 문 밖 손잡이에 걸어 두면 룸메이드가 청소하러 들어오지 않는다.

Privacy Please

Please Do Not Disturb라는 표현이 방해하지 말라는 부정적인 뜻이 있어 최근 들어 이런 표현을 쓰는 경향이 있다.

Please, make room

룸메이드에게 룸을 청소해 달라는 뜻으로 필요하면 이 문구가 적힌 팻말을 문 밖 손잡이에 걸어 두면 된다.

Concierge

호텔 인근 관광명소, 맛집, 쇼핑과 관련된 정보 제공하거나 투숙객들의 불만 사항 처리하는 콘시어즈 서비스

Business center

인터넷, 워드 작업, 팩스, 복사, 번역과 통역, 기기 대여, 문서 발송, 우편 업무, 명함 제작, 비즈니스 정보 제공, 비서 업무 대행 등

비즈니스 서비스

요즘 특급 호텔은 비즈니스맨들을 위한 전용층인 이그제큐티브 플로어(executive floor)를 운영한다. 호텔의 높은 층을 정해 그 층에 비즈니스맨인 고객을 투숙하게 하고 그 층 라운지에서 아침 식사와 해피 아워를 무료로 제공하며 팩스 및 인터넷 사용, 항공편 예약이나 재확인 등의 서비스를 제공한다. 일반 객실층 가격은 40~60달러 정도 비싸지만 제공받는 서비스가 많

아 편리하므로 비즈니스맨들이 많이 이용한다.

호텔용어

registration card: 투숙 등록 카드

baggage tag: 짐을 맡기고 받는 배기지 태그

bellboy/bellman: 투숙객의 짐을 운반하는 벨보이/벨맨

doorman: 문 열고 닫아 주는 사람

check-in: 체크인 (투숙 수속)

check-out: 체크 아웃 (요금 지불하고 호텔을 나가는 수속)

double-bed room: 2인용 침대가 하나 있는 객실

twin-bed room: 1인용 침대가 둘 있는 객실

suite: 침실과 응접실을 갖춘 객실, 스위트

penthouse suite: 꼭대기 층(rooftop) 스위트

amenity: 무료로 제공되는 샴푸, 린스, 바디 워시, 비누 등

jacuzzi: 자쿠지 (기포로 거품이 나는 욕조)

room service: 식사, 음료 객실 운반 서빙

mini bar: 주류, 안주 등을 갖춘 미니 바

captain: 일정 구역을 담당하는, 웨이터보다는 높고 매니저보다 낮은 호텔 종업원

page boy: 메시지 전달(paging) 담당 종업원

valet parking service: 자가 운전자들을 위한 발레 주차 서비스

fitness: 체력 단련장, 사우나, 수영장 등

health center: 헬스 클럽

safety deposit box: 금고

cloak room: 코트나 모자 등을 맡기는 클로크룸

banquet: 연회

호텔에서의 기본 에티켓

① 체크 아웃은 정오 이전에 하는 것이 원칙이다. 시간이 늦어지면 초과 요금을 내야 한다.

② 로비, 복도, 레스토랑, 객실 등에서 큰소리로 떠들지 않도록 조심한다.

③ 엘리베이터 문이 닫히려는 순간 다른 사람을 밀치면서 타거나 내리는 행위는 상식에 어긋난다.

④ 잠옷이나, 슬리퍼 차림으로 돌아다니지 않는다.

⑤ 룸을 나갈 때는 침대는 물론, 실내를 정리한다.

⑥ 욕조를 사용할 때 커튼을 이용해 물이 튀지 않도록 한다.

⑦ 상황에 따라 적절한 팁을 주도록 한다.

턴다운 Turn Down

특급 호텔의 경우 저녁 6~8시경 룸메이드가 들어와 낮 동안 사용한 타월을 갈아주고 베드 스프레드를 걷고 시트를 제쳐놓아 쉽게 잠자리에 들 수 있도록 해주는 것을 알고 있어야 한다. 이 서비스를 턴 다운(Turn Down)서비스라고 한다. 이런 서비스가 있는 줄 몰랐던 한 기업인은 파리에 도착하자마자 시차로 잠시 잠이 들었는데 인기척이 있어 깨어보니 한 여인이 침대로 다가와 깜짝 놀란 적이 있다고 하여 배꼽을 잡고 웃은 적이 있다.

호텔에서의 아침 식사

아침 식사는 유럽식(Continental)과 미국식(American)이 있다. 유럽식은 빵과 커피나 티 정도로 간단한 반면 미국식은 주스, 토스트, 베이컨, 계란 등 푸짐하다. 요즘은 아침 뷔페도 흔히 볼 수 있는데 베이컨, 계란 등 더운 요리는 먹지 않고 시리얼, 우유, 빵, 과일, 주스 등 찬 것만 먹으면 cold buffet라고 해서 일반 뷔페보다는 값이 싸다.

아침에 일찍 식사를 하고 싶을 때는 전날 밤 행어 메뉴(hanger menu)에 미리 주문을 해놓고 문 밖에 문고리에 걸어 두면 요구한 시간에 아침 식사를 가져오므로 편리하다. 문 밖 문고리에 걸어 두기 때문에 행어 메뉴라고 부른다.

룸 서비스로 아침 식사를 하지 않고, 직접 레스토랑에 가서 먹을 때 다음 표현을 알아두면 편리하다.

주문하시겠습니까?

May I take your order?

조식으로 무엇을 드시겠습니까?

What would like for breakfast?

컨티넨탈로 하시겠습니까, 아메리칸으로 하시겠습니까?

Continental or American?

계란 두 개와 토스트 주세요.

I'd like two eggs and toast, please.

계란을 어떻게 해 드릴까요?

How would you like your eggs?

한 쪽만 익혀 주세요.

Sunny-side up, please.

토스트는 아침에만 나오며, 살짝 구우면 라이트(light), 많이 구우면 브라운(brown)이라고 한다. 아메리칸 스타일로 아침 식사를 할 때는 과일 주스, 시리얼, 계란 요리 순으로 먹는다,

계란 조리법에 따른 표현

흰자위만 살짝 익힌 것 sunny-side up

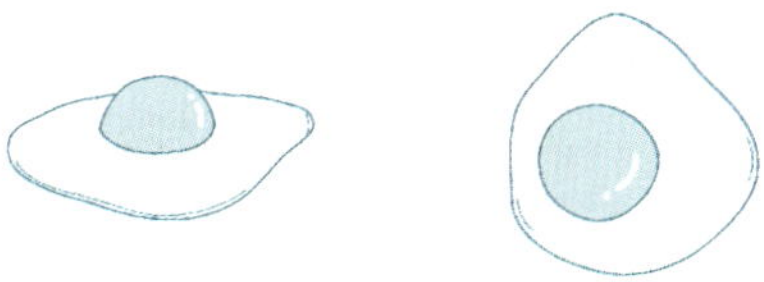

양쪽을 다 익히되 살짝 익힌 것 over easy

삶은 계란 boiled egg

약간 삶은 계란 soft boiled egg

푹 삶은 계란 hard boiled egg

수란 poached egg

스크램블 scramble egg

아침 식사 예절

오찬이나 만찬에는 정장 차림이 원칙이지만 아침 식사 때는 가벼운 옷차림도 무방하다. 남성은 넥타이 없이 캐주얼 차림으로, 여성도 간편하게 입을 수 있다.

우리나라에서는 식사할 때 옷을 차려 입는 데 대한 감각이 비교적 무딘 편이다. 서양에서는 손님 없이 식구끼리만 식사할 때도 어느 정도 옷을 차려입고 식사한다.

골치 아픈 '팁'

팁은 한국 생활에서는 익숙하지 않지만 서양에서는 자연스러운 관행이다.

우리나라에서는 호텔 이용 시 봉사료라 하여 팁이 이미 지불금액에 포함되어 있으므로 별도로 팁을 주지 않아도 된다. 한국을 방문하는 외국 사람들 중에는 한국의 '노 티핑'(No Tipping) 제도가 마음에 든다고 한다. 팁을 얼마 줘야 하나로 고심할 필요도 없고 특히 처음 도착해서 잔돈이 없는 경우 더욱 한국의 노 티핑 제도가 고맙게 느껴진다고 한다. 하지만 이는 우리나라와 일부 나라에서만 적용되는 룰이다. 서양에서는 팁이 관례로 되어 있고 특히 호텔에서는 팁을 주게 되어 있다.

팁(Tip)은 To Insure Promptness(신속성을 확보하기 위하여)의 약자라는 얘기도 있지만 실제로는 신속한 서비스에 대한 고마움의 표시로 주는 돈을 말한다.

팁은 공항이나 역, 정거장의 짐 나르는 포터(poter), 호텔의 도어맨(doorman), 벨보이(bellboy), 룸 메이드(room maid), 미용실이나 이발소 종업원, 공공장소의 옷 보관소(cloak room)종업원, 화장실 관리인(attendant), 극장 안내인(usher)에게 준다.

① 룸서비스(room service)

주문한 음식을 가져왔을 때 보통 음식값의 15%정도를 팁으로 준다. 객실까지 가져왔으므로 보통 10%보다 더 주는 것이다. 물론 호텔에 따라서 배달료(delivery charge)라 하여 별도로 계산서에 청구하기도 한다.

② 룸 메이드(room maid)

하루에 1달러 정도 주면 된다. 아침에 외출할 때 베개 위에 놓아 둔다. 여러 날 머무를 때는 체크 아웃 하는 날 한꺼번에 팁을 주어도 무방하다.

③ 도어 맨(door man)

말 그대로 문을 열고 닫아 주는 사람이다. 굳이 팁을 줄 필요는 없지만 차를 주차시켜 주는 발레 파킹(valet parking)서비스를 해주면 차를 가져올 때 팁을 조금 주면 된다. 주차 부탁을 할 때도 팁을 주는 사람도 있지만 대부분의 경우 차 열쇠를 주고받을 때 자연스럽게 건내면 된다.

④ 벨 맨(bell man)

체크인을 하고 객실로 짐을 가져다 줄 때 1달러 정도 준다. 짐이 많고 무거우면 조금 더 준다.

⑤ 웨이터

식사한 비용의 10%정도를 준다. 테이블에서 계산을 할 때 계산서에 사인을 한 후 계산서를 줄 때 자연스럽게 준다. 테이블 위에 놓고 나가도 좋다.

⑥ 소믈리에(sommelier)

식사에 맞는 와인을 권해 주는 와인 전문가로 술값의 15% 정도. 참고로 소믈리에는 불어 표현이다.

⑦ 클로크 룸(cloak room)

코트나 모자 등을 맡겼다 찾을 때 1달러 정도 준다.

미니 바 mini bar

웬만한 호텔 객실에는 미니 바가 비치되어 있다. 물론 맥주나 주스를 꺼내 마셨으면 매일 미니바를 체크할 때 표시되어 나중 체크아웃시 계산해야 한다. 물론 시중 음료 가격보다 비싸다. 프랑스인 친구 마리안이 일본에 갔을 때 일이다. 호텔에 미니바가 있기에 가격이나 알아보고 음료수를 마시려고 병을 하나하나 모두 꺼내봤다고 한다. 물로 가격이 생각보다 비싸 한병만 마셨는데 이틀 후 체크아웃을 하는데 엄청난 액수의 계산서가 나와 꼼꼼히 살펴봤더니 그 호텔 미니 바 병 하나하나 꽂힌 자리에 고감도 센서가 부착되어 있어 병을 하나씩 뽑을 때마다 음료수를 먹은 것으로 계산되었던 것이다. 물론 매니저를 만나 자초지종을 설명하고 실제로 마신 한 병 값만 지불했지만 일본의 첨단(?)기술에 혀를 내둘렀다고 한다. 호텔측에서는 음료수를 마시고 계산을 하지 않는 사람들이 많아 이런 특수 장치를 고안했다고 한다.

보통 수준의 팁을 줘서 무례하고

신경쓰지 않은 서비스를 받도록 하지 말라.

Don't encourage rude or inattentive

service by tipping the standard amount.

단지 음식이 맛이 없다고 해서 웨이터에게

팁을 조금 주어서는 안 된다.

웨이터가 그 요리를 만든 것은 아니다.

Don't undertip the waiter just because

the food is bad; he didn't cook it.

레스토랑에서

① 레스토랑을 이용하고자 할 때 예약은 상식이다.

예약 시에는 창가의 테이블이라든지 자신이 좋아하는 좌석을 요구할 수 있다. 예약 시에는 이름, 날짜, 시간, 인원, 연락처 등을 명시한다. 혹 늦어지게 되면 미리 전화로 연락을 해두어 취소가 되지 않게 한다. 보통 15~30분까지는 기다려 준다.

② 레스토랑에는 미취학 어린이는 동반하지 않는 것이 바람직하다. 부득이한 사정이 있어 데리고 갔다면 부모는 아이들이 떠들거나 돌아다니지 못하도록 주의를 주어야 한다.

③ 입구에 도착하면 종업원이 테이블로 안내할 때까지 기다린다. 보통 매니저나 리셉셔니스트가 안내하며 코트나 큰 소지품은 클로크 룸에 맡기는데 여성의 경우 핸드백은 가지고 들어간다.

몇 분이십니까?

How many (persons)?

4명입니다.

A table for four, please.

어느 쪽에 앉으시겠습니까?

Where would you prefer to sit?

창가 쪽으로 부탁합니다.

By the window, please.

③ 자리에 앉아 냅킨을 무릎 위에 펼쳐 놓아 식사할 준비를 한다. 식사하기 전에 음료수나 술을 마실 때는 음료수나 술을 마신 후에 냅킨을 펼쳐 놓는다.

⑤ 웨이터를 부를 때는 큰 소리로 부르지 말고 시선을 맞춘 후 손을 들면 된다.

와인 전문가인 소믈리에(sommelier)는 주문한 요리에 맞추어 와인을 추천해 준다. 소믈리에가 없는 레스토랑에서는 웨이터가 요리와 술 주문을 같이 받는다.

메뉴 보시겠습니까?

Would you like to see the menu?

오늘 저녁으로 무엇을 드시겠습니까?

What would you like this evening?

권하고 싶은 음식 있습니까?

What do you recommend?

오늘 스페셜 요리는 뭡니까?

What's today's special?

제 대신 주문해 주시겠습니까?

Why don't you order for me?

빨리 되는 요리가 뭡니까? 30분밖에 시간이 없습니다.

What can be served very quickly? I have only 30minutes.

와인 리스트 좀 보여 주실래요?

Can we have the wine list?

식전에 뭐 좀 마셨으면 좋겠습니다.

I want to have a drink before the meal.

⑥ 동양에서는 트림은 괜찮으나 코 푸는 것은 금지 되어 있고, 서양에서는 코 푸는 것은 괜찮으나 트림은 곤란하다.

⑦ 계산은 커피 등 식후 음료수를 다 마셔 갈 무렵 앉은자리에서 한다.

웨이터에게 신호를 보내면 계산서를 가져다 준다. 팁은 남의 눈에 띄지 않게 주며 계산서를 돌려줄 때 주거나 고맙다고 악수를 하면서 주어도 된다.

식사를 주문할 때(양식)

① 메인 코스부터 정한다. 생선과 육류 중 하나를 선택하고 그에 맞는 소스를 정한다. 그 다음 전채 요리 또는 수프를 정한다. 메뉴는 보통 일반 식사의 경우 전채 요리 또는 수프, 메인 요리, 샐러드, 디저트, 커피나 홍차로 구성되고, 정식 만찬은 식전 주, 전채 요리, 수프, 생선 요리, 소르베, 육류 요리, 샐러드, 치즈, 디저트, 커피, 또는 홍차로 구성된다.

② 주문 할 때는 please란 말을 붙인다.

③ 다른 사람이 먹고 있는 음식을 손가락으로 가리키며 주문하면 안 된다.

④ 초대받았을 때는 너무 비싸거나 너무 값싼 메뉴는 피해야 한다.

⑤ 남성이 여성과 동석했을 때는 여성이 메뉴를 선택하는 것을 도와주고 웨이터에게 주문할 때는 남성이 한다.

음식을 먹을 때

① 전채 요리

- 캐비아(철갑상어의 알)는 제공되는 멜바토스나 블리니 위에 고명과 함께 스푼으로 얹고 레몬 즙을 뿌려서 손으로 먹는다.

• 푸아 그라(foie gras: 거위 간)가 나오면 빵에 얹어 먹는다.

② 수프

• 수프는 마시는 음료가 아니라 먹는 음식이므로 소리가 나지 않도록 조심한다.

• 한번 뜬 수프는 한입에 먹도록 하며 . 수프를 다 먹어 갈 때는 스푼으로 접시 바닥을 긁는 소리를 내지 않는다.

• 스푼은 수프를 다 먹기 전이면 받침 접시 위에 놓고, 다 먹었으면 손잡이가 오른쪽으로 가게 해서 수프그릇에 둔다.

③ 빵

• 토스트, 크루아상, 브리오슈는 아침 식사용이므로 주문하지 않는다.

• 빵 바구니를 중앙에 갖다 놓지 않는다.

• 빵은 밀크나 커피에 적셔 먹지 않는다.

④ 고기요리

• 스테이크는 왼쪽부터 나이프로 잘라 먹는다. 나이프로 자를 때 톱질하듯 앞뒤로 켜지 말고. 톱니로 되어 있는 나이프의 앞부분을 이용하여 앞쪽으로 당기듯이 썬다.

• 양고기 꼬치는 포크로 고기를 고정하여 꼬치를 빼고 나이프로 잘라 먹는다. 양고기 뼈의 끝 부분에 종이가 감겨 있으면 왼손으로 잡고 살코기를 자른다.

• 닭고기는 어떤 부분도 손가락으로 집어서는 안 된다.

⑤ 샐러드

• 유럽식은 주식 후에 먹고 미국식은 고기와 같이 먹기도 한다.

• 여러 사람 몫이 한 그릇에 나오면. 오른손의 스푼으로 샐러드를 뜨고, 왼손의 포크로 받쳐서 자기 접시에 담는다.

⑥ 과일

• 참외, 멜론: 왼손으로 껍질을 누르고 스푼으로 오른쪽부터 떠먹는다.

• 수박, 파파야: 포크 끝으로 씨를 빼고 멜론과 같은 방법으로 먹는다.

• 그레이프 프루츠: 톱니 모양 스푼으로 하나씩 파먹는다.

• 딸기: 꼭지가 있으면 손으로 집어 설탕을 찍어 먹고, 꼭지가 없으면 스푼으로 먹는다.

• 사과, 배: 칼로 잘라 씨를 발라 내고 포크로 찍어 먹는다.

• 바나나: 나이프와 포크로 껍질을 벗기고, 조각조각 썰어서 포크로 먹는다.

• 포도: 한 알씩 먹는다 씨와 껍질은 손으로 받아 접시 가장자리에 둔다.

⑦ 젓가락 사용시 삼가야 할 행동

- 젓가락을 빠는 행위
- 그릇을 입에 대고 젓가락으로 음식올 집어넣는 행위.
- 내용물을 휘젓다가 원하는 요리를 가져가는 행위.
- 젓가락으로 요리를 찔러 먹는 행위.
- 젓가락으로 이 그릇 저 그릇 왔다갔다 하며 무얼 먹을까 망설이는 행위.
- 젓가락으로 그릇을 밀거나 잡아당기는 행위.
- 그릇 위에 젓가락을 올려놓는 행위.

파티에 참석 할 때

이제 세계화의 영향으로 우리도 각종 파티에 참석해야 하는 기회가 많아지고 있다. 축하의 성격에 따라 열리는 파티의 종류도 다양하고, 또 각 파티마다 알아두어야 할 에티켓이 있으므로 간단히 정리해 보기로 한다.

칵테일 파티(cocktail party)

축하할 만한 일이 있을 때 칵테일을 중심으로 하는 식전 파티로서 카나페 풍을 준비하여 접대한다. 보통 호텔이나 클럽에서 하나, 경우에 따라서는 회사 사무실, 가정집에서 열기도 한다 웨이터가 칵테일 등 음료를 들고 손님들 사이를 다니면서 서빙을 해주는데 이를 버틀러 서비스(butler sevice)라고 부른다. 칵테일을 주로 하고 카나페(canapés)를 안주로 내는 형태다. 카나페는 일종의 오르 되르브(hors d'oeuvres: 전채)로 다양한 오픈 샌드위치가 나온다. 거위 간, 캐비어, 햄, 치즈 등을 식빵을 작게 자른 후 얹어낸다.

파티 시간은 저녁 식사 전 오후 6시~8시경이며, 그 시간 내에 어느 때나 도착해도 되고, 30분~1시간 정도 머무르다 떠난다. 시간이 있으면 그 시간 내내 있으면서 즐겨도 좋다.

호스트나 호스테스가 사람들을 소개해 줄 때까지 기다릴 필요없이 칵테일을 손에 들고 다니며 자신을 소개하고 많은 사람과 가벼운 대화를 나눈다.

저를 소개하겠습니다. 제 이름은 최정화입니다.

Let me introduce myself. My name is Choi Jung-wha.

얘기하고 있던 사람 곁에서 자리를 뜰 때:
누가 저를 부르네요.

Excuse me. Somebody is calling me.

만나서 반가웠습니다.

It was nice to meet you.

부부라고 꼭 같이 다닐 필요는 없다. 각자 다른 사람을 만나 얘기를 나누며 즐거운 시간을 갖는 것이 좋다. 칵테일 파티는 저녁 초대가 아니므로 안주인 카나페로 저녁을 때우려 해서는 안 된다.

초대해 주셔서 감사합니다.

Thank you for inviting me.

정말 즐거웠습니다

I enjoyed myself a lot.

칵테일 뷔페(cocktail buffet)

칵테일 파티 때보다 많은 음식을 준비한다. 손님들은 서서 식사를 하게 되므로 손이나 포크, 젓가락으로 먹기 쉬운 요리를 준비한다. 여성의 경우 한 손에는 접시를 한 손에는 포크를 들어야 하기 때문에 어깨에 메는 백이 편리하다. 초정장에도 칵테일 뷔페라고 명시되며 6시 반 이후에 시작한다.

리셉션(reception)

칵테일 파티와 똑같으나 주로 정부 고위 관리나 외교관이 공식적으로 주최하는 경우 리셉션이라고 부른다. 그러나 결혼 피로연도 리셉션이라고 표현한다.

초청장에 'Regrets Only'라고 써있을 때는 참석하지 못할 때만 회답하면 된다. 참고로 오찬이나 만찬과 같은 연회일 경우 초청장에 R.S.V.P.(Répondez s'il vous plaît의 약자)를 표기하면 참석 여부를 반드시 회답해야 한다.

리셉션을 열 경우 호스트와 호스테스는 행사장 입구에 서서 보통 30분 정도 손님을 영접하는데 이를 리시빙 라인(rceiving line)이라고 부른다. 리시빙 라인의 순서는 호스트 – 주빈 – 호스테스 – 주빈 부인이다. 가끔 호스트와 호스테스가 서고 그 다음 주빈과 주빈 부인이 서는 것을 볼 수 있는데 호스트 다음 주빈이 서는 것이 정식이다.

도착하는 손님들 쪽에서 보면 호스트와 호스테스는 행사장 입구 오른쪽에 서 있게 된다. 리시빙 라인 앞에 안내인이 서서 오는 손님들을 일일이 주인에게 소개하기도 하는데 이 경우 손님들은 자신의 이름과 직책을 안내인에게 정확히 알려 주어 안내인이 다시 호스트에게 반복할 때 틀리지 않도록 한다.

호스트와 아무리 친한 사이어도 간단한 인사말만 나누고 길게 대화하지 않는 것이 예의이다. 손님이 계속 오는 경우 호스트의 손님 영접이 지연되기 때문이다.

* 뱅 도뇌르(vin d' honneur)

뱅 도뇌르는 불어로 영광의 와인이란 뜻이다. 국경일 리셉션은 보통 저녁에 하지만 때에 따라서는 오전 11시~12시경에 하기도 하는데 이를 뱅 도뇌르라고 부른다. 이 오전 뱅 도뇌르에는 주재국 주요 인사를 중심으로 초청하고, 저녁 시간에는 교민들을 중심으로 초청한다.

티 파티(tea party)

티 파티는 친목 도모를 위한 개인적인 모임이다. 주로 오후 4시~6시 사이에 한다. 음식으로는 티와 케이크가 주로 나온다. 호스테스나 딸이 직접 서빙하는 것이 예의이다.

아무리 친절한 사이라도 티를 한 잔 더 마시고 싶을 때에는 본인이 직접 따르지 않고 호스테스가 따르도록 한다. 케이크나 쿠키는 모두 자기 접시에 덜어 먹는다. 큰 티 파티는 하이 티(high tea)라고 하는데 고기 요리가 곁들여 진다.

가든 파티(garden party)

날씨가 좋은 날 정원에서 하는 파티로 3시간 정도 계속된다. 음료와 음식을 준비하고 비가 와서 행사를 못 할 경우를 대비해서 'Weather permitting(날씨가 좋으면)'이라고 초청장에 표시해 사전 양해를 구한다. 모자 등을 준비하면 좋다.

무도회(ball)

보통 3~4주 전에 초청장을 발송하며 규모도 커서 2~3백 명 정도 손님이 참석한다. 개인이 주최하는 경우는 드물고 대부분 자선 무도회 등의 형식으로 초대권을 판매한다.

무도회에 참석할 때에는 초청장에 명시된 예복을 입어야 하며 보통 밤 10시 정도에 시작한다. 야식(supper)은 11시 반경에 나온다.

무도회에 초대된 손님들은 늦게까지 남아서 춤을 추는 것이 예의이다. 주빈이 호스테스에게, 혹은 호스트가 주빈의 부인에게 춤을 청하여 첫 춤을 춤으로써 무도회가 시작된다.

여성을 동반한 남성은 먼저 동반한 여성과 춤을 추고 난 후 다른 여성들과도 춤을 추는 것이 예의이다. 부부가 참석할 경우에는 남편은 부인과 첫 춤을 춘다.

한 파트너가 마음에 든다고 독점하여 계속 같은 사람과 춤을 추는 것은 예의가 아니다. 요즈음 아무리 남녀평등을 이야기한다 해도 춤은 남성이 여성에게 청하는 것이 예의이다.

남성은 춤이 끝나면 정중하게 "Thank you."인사를 한 후 여성을 본래 앉아 있었던 자리에 데려다 주어야 한다. 무도회장을 가로질러 다니지 않도록 한다.

춤을 같이 추자는 제의를 받았을 때 기분이 별로 내키지 않으면 이를 거절해도 좋다. 그러나 거절한 즉시 다른 사람의 춤 신청을 받아들이는 행동은 보기에 안 좋다.

어디서 오셨습니까?

Where are you from?

만나서 반갑습니다.

It was nice to know you.

제 소개를 하겠습니다.

Let me introduce myself.

서울에서 온 최정화입니다.

I'm Choi Jung-wha from Seoul, Korea.

제 명함입니다.

Here is my business card.

뭘 좀 마시겠습니까?

Would you like to have something to drink?

제4장

글로벌 에티켓, 품격의 시작이다

국제회의

국제회의

G20 회의, APEC 회의, ASEM 회의 등을 서울에서 개최한 것을 계기로 국제회의에 대한 관심은 어느 특정 전문인에게 국한되지 않고 국민 모두에게 파급되고 있다. 그러나 국제회의라는 말을 자주 듣지만 과연 무엇이 국제회의이고 어떻게 참가하고 어떤 절차로 진행되는지 정확히 아는 사람이 많지 않다.

① conference: 국제회의를 지칭하는 가장 일반적인 표현으로 convention에 비해 회의 참가자(participant)들이 참여하는 토론회가 많다.

② convention: conference에 비해 토론회가 적다. 비교적 많은 주제를 다룬다.

③ forum: 정해진 주제에 대해 전문가들이 참가하는 공개 토론회, 청중도 질문을 할 수 있다.

④ symposium: forum과 토론 형식은 비슷하다. 좀더 형식을 갖춘 회의이며 청중이 질의할 기회는 적은 편이다.

⑤ panel discussion: 청중 앞에서 여러 명의 연사들이 사회자의 주도 아래 의견을 발표한느 공개 토론회. 청중도 의견 개진이 가능하다.

⑥ seminar: 교육 목적을 띤 회의. 참가자들이 정해진 주제에 대해 자신의 견해를 발표하고 발표 내용을 토대로 전 참가자들이 토론을 한다.

⑦ workshop: 주어진 특정 주제에 관해 서로의 의견과 지식을 교환한다.

국제회의 대표단 구성

대표 단원의 자격이나 명칭이 회의마다 다르며 어떠한 원칙이 있는 것은 아니다. 보통 대표단 자격은 크게 정회원국에서 파견되는 대표단(delegation)과 준회원국 또는 비회원국에서 파견하는 옵서버 대표단(observer delegation)으로 나뉘어 진다.

수석 대표: head of delegation, chief delegate

대표: delegate

자문위원: advisor

전문가: expert

국제회의 참가 시 유의 사항

① 회의 시작 하루나 이틀 전에 도착하여 사무국에 등록을 한 후 회의 관련 자료와 명찰을 받는다.

② 국제회의와 같은 모임에 참석할 때는 자신이나 소속 단체뿐 아니라 우리나라를 대표하는 것인 만큼 다른 참석자들에게 호감을 주고 폐를 끼치지 않도록 한다. 회의 기간 중에는 이름과 소속이 명시된 명찰을 패용한다.

③ 국제회의나 행사에 참석할 때에는 반드시 시간을 지키고 사전에 회의 규칙을 알아보고 이를 준수하도록 한다.

④ 다른 대표들과 우호 관계를 유지하고 의장이나 회의 사무국의 회의 진행에 협조한다.

⑤ 발언을 하게 될 경우 발표하는 내용이 회의록에 오른다는 사실을 염두에 두고 명확하고 간결하게 발표한다. 원고를 읽는 것 보다는 즉석 연설이 효과가 크므로 가능하면 말하고자 하는 내용을 간단히 메모해서 자연스럽게 발표한다.

⑥ 국제회의 자체에 참석하는 것도 매우 중요하지만 그 외의 리셉션, 오찬, 만찬, 단체 시찰, 관광 등의 행사에도 적극 참여하여 다른 나라에서 온 참석자들과 친분을 맺고 좋은 관계를 유지하도록 한다.

⑦ 회의 개최국의 정치, 경제, 사회, 문화, 역사, 풍습, 국민성 등을 미리 알아두면 체재 기간을 모두 유용하게 보낼 수 있다. 다른 문화권에서 온 대표들과도 서로 문화와 풍습이 다르다는 사실을 인정하고 상대방을 배려하겠다는 생각을 하며 친하게 지내도록 한다.

국제회의 용어

의사 규칙: rules of procedure

동의/ 발의하다: make a motion

① 발의 단계 bring the motion before the assembly

- 1 대표에 의한 동의/발의: The motion is made by a member.
- 타 대표에 의한 재청: It is seconded by another.
- 의장 투표 결과 발표: The chair announces the result of the vote.
- 동의안이 찬성 12표, 반대 9표, 기권 2표로 채택되었다.
  The motion is adopted by 12votes to 9 with 2 abstentions. The motion is carried.
- 휴회: adjourn the meeting (adjournment)
- 토의 중인 의제에 관한 임의 연기:
  adjourn the debate on the item under discussion
- 토의 중인 의제에 관한 심의 종결:
  closure of the debate on the item under discussion

② 회의 결정 절차 decision-making procedure

- 국제회의에 따라서는 회의가 토론(general debate) 또는 정보 교환(exchange of information)에 그치는 경우도 있으나 정부간 국제회의는 회의 결과로 어떠한 결정(decision)을 하게 된다.

③ 결정 과정

- 투표를 통한 결의안 채택: draft resolution
- 투표를 거치지 않고 전원 일치: consensus

④ 결의(resolution): 채택을 통한 의사 결정을 할 경우의 결의안 형식: 조치(action) 또는 권고(recommendation)가 필요한 이유를 기술한 전문(preamble)과, 조치 또는 권고 내용을 기술한 실행 부문(operative part)으로 구분된다.

- 투표: vote
- 투표수: votes cast
- 투표 설명: explanation of vote
- 의사 진행 정족수: quorum requirement
- 의사 결정 정족수: majority requirement
- 필요 과반수: the requisite majority
- 절대 과반수: the absolute majority
- 단순 과반수: simple majority
- 3분의 2 과반수: two-thirds majority
- 만장 일치: unanimity, unanimous votes
- 만장 일치로 통과되다: carried unanimously
- 유효 확인한다: to validate

- 박수로 통과: approval by acclamation
- 투표 방법: method of voting
- 투표 용지: ballot
- 투표소: booths
- 기권하다: to abstain
- 반대표를 던지다: to cast a dissenting vote

⑤ 투표

- 거수에 의한 투표: vote by a show of hands
- 기립 투표: vote by standing
- 호명 투표: vote by roll-call
- 비밀 투표: vote by secret ballot
- 투표원: teller
- 전원 일치: consensus
- 최근 국제회의에 서는 다수결(majority)에 의한 대결(showdown)을 피하여 많은 주요 결정이 투표에 의하지 않고 전원 일치 과정(process of consensus)을 통해 이루어진다.

⑥ 의사록 minutes

- 의사록을 작성하다: to keep the minutes, to draw up

the minutes

- 의사록에 기록하다: to record in the minutes
- 회의 참가자 발언 내용을 빠짐없이(word by word) 속기사(stenographer)가 기록한 전문 기록(verbatim record)과 서기, 회의 기록관(rapporteur)이 요약한 요약기록(summary record)으로 구분된다. 회의 중에 배포되는 의사록은 잠정적 기록(provisional record)으로서 교정(correction) 또는 수정(revision) 절차를 거쳐 최종적으로 회의 종료 후 공식 문서로 발행 배포된다.

⑦ 회의 보고서 report

회의 보고서는 회의 의사록 유무에 관계없이 대부분 국제회의에서 작성하여 최종회의 때 승인을 받는다.

- 총회: general assembly
- 위원회: committee(permanent)
- 운영 위원회: steering committee
- 자격 심사 위원회: credentials committee
- 공천 위원회: nominations committee
- 재무 위원회: finance committee
- 예산 위원회: budget committee

- 특별 위원회: ad hoc committee
- 진상 조사 위원회: fact-finding committee
- 회의 장소/시기: venue
- 회기: session
- 비공개 회의: meeting in camera
- 공지 사항: announcements
- 의장: chairman, chairperson, president
- 여의장: madam chairman, chairwoman
- 의장직: chair
- 전의장: outgoing chair
- 의장 대행: interim chairman
- 명예 의장: honorarγ president
- 단장: head of delegation
- 개회 선언하다: call the meeting to order
- 연단: rostrum, platform
- 의사봉: gavel
- 의제: agenda
- 의제 조항: item on the agenda
- 반대: objection
- 임기: term, term of office

- 공용어: working languages
- 의전: protocol
- 추가조항: rider
- 도표: chart, diagram
- 성명: statement
- 초록: abstract
- 회람: circular letter
- 삭제: deletion
- 계약 당사자: contracting parties

지구촌 에티켓

① 처음 알게 되어 신뢰를 쌓아갈 때 참을성이 있어야 한다.

Be patient when building trust in establishing relationships.

② 어떤 문화권 사람이든 소개받을 때에는 서 있는 것이 예의이다.

It is courteous to always stand when you are introduced to another human being - no matter the culture.

③ 외빈을 맞이하거나 만날 때 그 나라의 인구 수, 민족 및 종교 분포, 공용어, 지리, 수도와 주요 도시, 정부 구성, 그 나라 지도자들, 정당 등을 알아둬야 한다.

견문이 넓은 것처럼 보일 뿐만 아니라 상대에 대해 알고 배우는데 시간을 할애했다는 사실에 외빈은 기뻐할 것이다.

Before receiving or meeting an honored guest from abroad, prepared by, researching such data such as their population, ethnic and religious composition, official languages, geography, especially the capital and major cities, their government structure, national leaders and political parties.

Not only you appear informed but your guest will be complimented because you took time to learn something.

④ 대화는 종교, 정치 같은 민감한 사안을 피해야 한다. 자랑스럽게 생각하는 문학이나 전통은 안전한 주제이다.

Conversation should avoid all sensitive subjects including religion and politics

The pride that one has in one's culture and tradition are safe topics.

④ 청중이 이해를 못할까봐 목소리를 높이지 말고 천천히 얘기해라.

Slow down your speech and don't raise your voice because you think they cannot understand you.

⑥ 비언어적인 '신호'가 매우 중요하다. 긍정적인 끄덕임이 아시아 문화에서는 듣고 있다는 뜻이지 동의한다는 뜻은 아니다.

Non-verbal interaction cues are extremely important An affirmative nod often means 'yes, I hear you' in Asian culture, not 'yes I agree'.

좋은 매너 십계명

1. 당신의 있는 그대로의 모습을 보여 줘라.
   Thou shalt be thyself.
2. 감사하다고 말하라.
   Thou shalt say "thank you."
3. 칭찬하라.
   Thou shalt give compliments.
4. 자랑하지 말고, 거만하지 말며, 큰 소리로 말하지 말라.
   Thou shalt not be boastful, arrogant or loud.
5. 말하기 전에 들어라.
   Thou shalt listen before speaking.
6. 친절하고 조심스럽게 말하라.
   Thou shalt speak with kindness and caution.
7. 비난하거나 불평하지 말라.
   Thou shalt not criticize or complain.
8. 시간을 지켜라.
   Thou shalt be punctual.
9. 남을 당황하게 하지 말라.
   Thou shalt not embarrass others.
10. 최선을 다해 행동하고 보여라.
    Thou shalt act and look your best.

진정한 성공이란 무엇인가?

자주 그리고 많이 웃고,
현명한 이에게 존경 받고, 아이에게 사랑 받고,

정직한 비평가의 찬사를 듣고
친구의 배반을 참아내며,

아름다움을 식별할 줄 알며
다른 사람에게서 최선을 발견하고,

건강한 아이를 낳든 정원을 가꾸든 사회 환경을 개선하든
자기가 태어나기 전보다 조금이라도 살기 좋은 곳으로
세상을 만들어 놓고 떠나며,

자신이 한 때 이곳에 살았기에
단 한 사람의 삶이라도 행복해지는 것,
이것이 진정한 성공이다.

랄프 에머슨

What is Success?

To laugh often and much;
To win the respect of intelligent people
and the affection of children;

To earn the appreciation of honest critics
and endure the betrayal of false friends;

To appreciate beauty;
To find the best in others;

To leave the world a bit better, whether by
a healthy child, a garden patch
or a redeemed social condition;

To know even one life has breathed
easier because you have lived;

This is to have succeeded.

Ralph Waldo Emerson

에필로그

많은 외국인들이 한국을 다녀간다.
우리가 부족한 자신을 메워 나가고, 우리와는 다른 남을 알고 제대로 이해하려고 노력할 때 우리는 외국인들로부터 존경받는 한국인이 될 수 있을 것이다.

우리가 바뀌어야 한다.
상대방을 존중하고 배려하는 마음을 갖게 되면 바로 나 자신의 하루하루가 즐겁기 때문이다. 그러다 보면 우리 삶 전체가 즐거울 수 있지 않은가.

세계인은 저절로 되는 것이 아니다.

세계인이란 생각과 행동을 세계의 흐름에 걸맞게 하는 것이다. 얼마나 열린 사고를 하고 그에 걸맞은 행동을 하느냐에 달려 있다.

이제 체화된 글로벌 에티켓은 나의 품격이다.

2017년 12월

최정화

글로벌 에티켓

GLOBAL ETIQUETTE

초판 1쇄 발행 2017년 12월 27일
초판 2쇄 발행 2023년 8월 30일

지은이 최정화
발행인 고윤성
기획 신선호, 박경민
편집장 장혜정
도서편집 노재은, 변다은
디자인 정정은, 김대욱, 최재영
캐릭터 변혜준
인사행정 이근영
재무회계 김문규, 정예찬
전자책 · 사전 변다은
발행처 한국외국어대학교 지식출판콘텐츠원
02450 서울특별시 동대문구 이문로 107
전화 02)2173-2494~7
팩스 02)2173-3363
홈페이지 http://press.hufs.ac.kr
전자우편 press@hufs.ac.kr
출판등록 제6-6호(1969. 4. 30)
디자인 · 편집 (주)이환디앤비 02)2254-4301
인쇄 · 제본 (주)케이랩 053)583-6885

ISBN 979-11-5901-249-5 03300 정가 15,000원

*잘못된 책은 교환하여 드립니다.

HUiNE은 한국외국어대학교 지식출판콘텐츠원의 어학도서, 사회과학도서, 지역학 도서 Sub Brand이다. 한국외대의 영문명인 HUFS, 현명한 국제전문가 양성(International +Intelligent)의 의미를 담고 있으며, 휴인(携引)의 뜻인 '이끌다, 끌고 나가다'라는 의미처럼 출판계를 이끄는 리더로서, 혁신의 이미지를 담고 있다.